América Latina
y las luchas
sociales

América Latina y las luchas sociales

Julio Antonio MELLA

New York • Oakland • London

Derechos © 2013 Ocean Press y Ocean Sur

Todos los derechos reservados. Ninguna parte de esta publicación puede ser reproducida, conservada en un sistema reproductor o transmitirse en cualquier forma o por cualquier medio electrónico, mecánico, fotocopia, grabación o cualquier otro, sin previa autorización del editor.

Seven Stories Press/Ocean Sur
140 Watts Street
New York, NY 10013
www.sevenstories.com

ISBN: 978-1-921438-17-2
Library of Congress Control Number: 2013932378

151811549

Índice

Presentación	1
Cuba: un pueblo que jamás ha sido libre	5
Glosas al pensamiento de José Martí	17
El concepto socialista de la Reforma Universitaria	26
Los estudiantes y la lucha social	29
Nueva ruta a los estudiantes	33
¡Proletarios de todos los países, uníos!	38
Nuestras enfermedades infantiles	43
¿Qué es el ARPA?	48
Hacia la Internacional americana	86
Sobre la misión de la clase media	91
Por la creación de revolucionarios profesionales	104
Notas	109

Presentación

La vida de Julio Antonio Mella, asesinado por el dictador cubano Gerardo Machado en tierra mexicana, no alcanzó los 26 años de edad. Sin embargo, dejó una obra que constituye parte esencial del marxismo latinoamericano del siglo XX.

Para esta edición, presentamos una breve selección de textos del revolucionario, que nos parecen emblemáticos de su ideario antiimperialista y de su pensamiento marxista.

Con sagacidad, el joven luchador dio cuenta de uno de los problemas fundamentales que —como años antes expusiera Martí— resultaría eje cardinal para comprender la dinámica de las distintas etapas históricas del devenir cubano, así como de los propios procesos sociales del mundo, a saber, la política expansiva y de dominio del sistema imperialista —y no únicamente de los Estados Unidos— sobre el resto de los pueblos del mundo.

Después del fracaso de la contienda independentista cubana —Cuba pasa directamente «a manos norteamericanas» tras largos años de coloniaje español— el clima del país se define por un abatimiento general, la población debilitada numéricamente, al tiempo que pululan toda suerte de gobernantes corruptos, vasallos de la injerencia yanqui. Triste escenario también marcado por un escaso desarrollo del sector industrial y un campesinado que vive en paupérrimas condiciones. El atraso económico cubano, unido a la conciencia de la pequeñez territorial de Cuba, apuntala la creencia en el llamado «fatalismo geográfico», el cual supone la necesidad de mantenerse dependiente del poder extranjero como única vía de supervivencia y protección. Son los años de la Primera Guerra Mundial que trae como consecuencia un alza en los precios del azúcar y, de manera artificial, una mejoría en el país,[1] seguida por una súbita caída de estos y la ruina económica de la isla.

Mella es también testigo del período en que comienzan a incrementarse los movimientos proletarios y sus luchas, y del fortalecimiento de la conciencia social de los pueblos: el pensamiento socialista empieza a abrirse paso. Del otro lado del océano ocurre el triunfo de la Revolución de Octubre, la cual repercute decisivamente en las masas trabajadoras del mundo entero y tiene una influencia significativa en la concepción revolucionaria del joven luchador.

Por toda Latinoamérica, teniendo su origen en Argentina, se extiende un amplio movimiento de Reforma Universitaria que llega a Cuba sobre la década del veinte. Julio Antonio Mella, quien se había iniciado como líder de las luchas estudiantiles universitarias reclamando espacios de libertad y justicia, se convierte en la figura más significativa de dicho acontecimiento, no solo por la profundidad con que analiza y denuncia todos los males de la época, corrupción de los gobiernos, represión dictatorial, sino por su radicalización política, la que se expresa en la fundación del primer Partido Comunista de Cuba y de la Universidad Popular José Martí —universidad para los obreros—, la organización de la sección cubana de la Liga Antiimperialista de las Américas, la Federación Estudiantil Universitaria, y hasta en la huelga de hambre que realiza poco antes de salir exiliado de Cuba.

En México, durante la segunda etapa de su vida, se produce un desarrollo aún mayor de sus potencialidades como dirigente revolucionario, y despliega toda una intensa actividad política que incluye la membresía en el Partido Comunista de México, notable participación en la redacción de su periódico *El Machete*, apoyo a los movimientos de liberación latinoamericanos, propaganda a los logros del proletariado después del triunfo de Octubre y denuncia implacable de los males del capitalismo.

El joven dirigente cubano es reconocido como uno de los marxistas más relevantes de nuestro continente. La manera en que aplicó esta teoría a la comprensión de nuestras realidades, y cómo se expresa esta condición de marxista en el líder revolucionario, puede apreciarse a través de sus textos, lo que los hace especialmente importantes tanto para conocer las singularidades en que teoría y práctica toman cuerpo, como para redescubrir, en su proceso de génesis, muchas organizaciones que alcanzan a nuestra actualidad.

Conocer el pensamiento de Julio Antonio Mella es imprescindible no solo para los cubanos y latinoamericanos de hoy. Forma parte de la necesidad de acercarnos a la realidad presente a través de la historia de nuestros pueblos. Sus ideas sobre la importancia de la unidad entre los intelectuales y la clase explotada, así como la unidad del movimiento revolucionario mundial; su postura ética ante la labor del dirigente, que basa su autoridad en la admiración que su actitud comprometida y transparente despierta entre aquellos que le siguen; sus agudos análisis para comprender los distintos escenarios de la sociedad, son aspectos de honda significación en momentos en que el planeta clama a voces por un mundo más justo y acciones más sabias, en oposición a gobiernos irracionales, usurpadores de la libertad de los pueblos.

Leer sus escritos nos acerca a un ser humano especial por su sensibilidad hacia los problemas sociales, y muestra cómo esta virtud se expresa en términos de acciones. La individualidad del revolucionario se revela creativa, antidogmática, y muy ligada al pensamiento martiano. Su postura es enérgicamente antiimperialista. Sus textos, escritos en diferentes momentos de su breve existencia, socavan esencialmente la inmutabilidad del sistema económico capitalista y, mediante la crítica al régimen, establecen la necesidad de su transformación. Son tribunas incansables desde donde se articulan y defienden —con esa perdurabilidad que solo los grandes hombres saben despertar— ideales de una hondura humana trascendental.

Los editores

Cuba: un pueblo que jamás ha sido libre*

Como un centinela avanzado, o como una primera línea de trincheras protectoras de la América del Sur, las Grandes Antillas forman una cadena de rotos eslabones, que el capitalismo yanqui ha unido con su comercio, su política y su dominio absoluto sobre ellas. De todas las Antillas, Cuba es la más hermosa, al decir de Colón y de los agentes turistas de la Florida. Cuenta la Isla con dos millones y medio de habitantes, de los cuales el medio está en la capital, y es el primer país productor de azúcar del mundo. Esto es lo único importante, y la principal causa de su pertenencia a los capitalistas sajones (principalmente estadounidenses).

El capitalismo yanqui ha sido siempre enemigo de la independencia de Cuba

No es de ahora que el capitalismo yanqui desea poseer esta isla, sino desde hace más de un siglo. Durante la centuria XIX más de una vez intentaron comprársela a España. En la época de las conspiraciones por la independencia, persiguieron tenazmente a los revolucionarios, y solo alimentaron las tendencias de ciertos cubanos anexionistas que soñaban con la separación de España

---

*   Publicado en folleto, Imprenta El Ideal, Federación de Torcedores [¿abril de 1925?]. (Archivo de la Oficina del Historiador de la Ciudad, Museo de La Habana).

para caer bajo el dominio de los Estados Unidos. Así [sucedió con] la expedición invasora de Narciso López en 1850, que no encontró eco en el pueblo de Cuba por esta misma razón. El anexionismo fue en una época la doctrina de los graves intelectuales, como luego lo fue el autonomismo, durante la guerra del 95, y lo es hoy la gratitud y la cooperación con el capitalismo yanqui, «que da riquezas a la patria pobre». (Casi siempre el intelectual se presenta en la sociedad como un ser fosilizado, a quien no se debe oír, y sí tratar como a momias con vida artificial. Cuando adquieren el éxito, y su nombre se hace famoso, es porque se han mediocratizado aceptando las ideas retrógradas del medio, con la excepción de las épocas idealistas de renovación.)

De todos es conocido el fracaso del Congreso de Panamá, donde se trataba de hacer independiente a toda la América, y cómo los Estados Unidos hicieron fracasar el proyecto del Libertador.

La carta de un secretario de Estado americano demuestra bien claro cuál es la causa del odio a la independencia de Cuba. Decía el citado estadista que esta Isla en caso de ser libre sería un fácil refugio de todos los esclavos de los estados algodoneros y agrícolas del Sur de los Estados Unidos, cosa esta que traería graves e injustas pérdidas a los ciudadanos americanos… El infeliz secretario no contaba con los esclavos de este país, los de Cuba, tanto los negros como los blancos. Hace ya un siglo de esto, y el mismo interés económico hace que los Estados Unidos declaren por su Congreso «que Cuba es y de derecho debe ser libre e independiente» de España, para servir a los capitalistas americanos, que se han apropiado [de] las dos terceras partes de la producción azucarera, y de una de las más grandes bahías del mundo: Guantánamo.[2] Un embajador para hacer las veces de censor del Gobierno, y una Enmienda Platt, reverenciada por todos los gobiernos «honestos y patrióticos», asegura, con una intervención de las fuerzas armadas de marina, como en 1899 y 1906, la «protección a la vida e intereses de los extranjeros». Los cubanos parecen no tener necesidad de esa protección, y si alguna vez se necesita, son las fuerzas armadas de los Estados Unidos, también, las que la ofrecen, lo cual hace creer, con mucha razón, a los individuos que les gusta deducir, que las fuerzas armadas cubanas están de más, lo mismo que las autoridades.

La soberanía de Cuba ante el derecho político

Una de las mayores ingenuidades que cree el pueblo de Cuba es su soberanía, su independencia absoluta, y considera a los Estados Unidos como un fiel aliado, o padre protector.

La vida diaria enseña que un hombre sin independencia económica es un servidor, un esclavo, muchas veces, de quien depende para subsistir. De la misma manera un pueblo, enseña la historia y la realidad actual, sin independencia económica es un servidor, un esclavo, muchas veces, de quien depende para el sustento de sus habitantes.

No es necesario demostrar con ejemplos eruditos y basados en la ciencia política y económica la dependencia de Cuba al Estado capitalista del gringo Sam. Todo ser con sentido común ve y palpa esta dependencia, este coloniaje económico y por consiguiente político.

En el régimen actual la producción de todo país que no es industrialista, es tributaria de los otros grandes países civilizados, es decir, industrializados bárbaramente por la civilización burguesa. No importa la enormidad de sus territorios y lo numeroso de su población: India es una colonia a pesar de su extensión y de sus 300 millones de habitantes, y la China si no fuese por el auxilio magnánimo de Rusia, continuaría siendo un feudo del Japón, Estados Unidos, Inglaterra y demás países imperialistas.

Aun dentro de las teorías políticas de moda en las universidades, Cuba no es un estado libre, no tiene soberanía.

Para Orlando[3] «obrar como soberano, equivale a decidir en última instancia, sin ulterior ni superior recurso, de un modo inapelable». Posada nos recuerda que soberanía significa etimológicamente «sobre todo», es decir, el Estado con sus súbditos ejerce la suprema autoridad, y en sus relaciones internacionales no tiene más limitaciones que las naturales prerrogativas de los demás Estados. Burgess, el ídolo en Ciencia Política en las universidades de los EE.UU., considera la soberanía como atributo esencial del estado («es el carácter más importante del Estado y de él se derivan los otros»).

Otro de los atributos de un estado es la «exclusividad», o sea, donde exista el poder de un estado (manifiesto, desde luego, por el gobierno de la clase privilegiada), no puede existir el poder de otro estado.

Veamos todas estas teorías universales aceptadas, y su relación con parte de la Carta Fundamental de Cuba:

Enmienda Platt

Art. 1ro. *El Gobierno de Cuba nunca celebrará con ningún Poder o Poderes extranjeros ningún Tratado u otro pacto...* (No está «sobre todo» el Estado cubano en sus relaciones internacionales, sino «debajo» de la Enmienda Platt. No hay «exclusividad» del poder del Estado cubano, tampoco, porque el Estado americano puede impedir, inmiscuyéndose, la concertación de los Tratados.)

Art. 2do. *El Gobierno de Cuba consiente que los Estados Unidos puedan ejercer el derecho de intervenir para la preservación de la independencia de Cuba y el sostenimiento de un gobierno adecuado a la protección de la vida, la «propiedad» y la libertad individual...* (Resulta que la propiedad es en su inmensa mayoría americana, y cuando entra en lucha el interés de la propiedad americana con el interés de la propiedad nativa, garantizada en la parte «cubana» de la Constitución, la Enmienda Platt, o lo que es lo mismo, la protección a los intereses imperialistas americanos, puede más. No hay que decir lo que sucede cuando la pugna es entre la propiedad americana y la vida o la libertad individual del obrero nativo o español. El Gobierno cubano nunca ha vacilado en ponerse al lado de la Constitución y de la «defensa de la Patria», protegiendo, de acuerdo con la Enmienda Platt, la propiedad extranjera; porque, «de lo contrario, las tropas americanas intervendrían, trayendo una humillación para la República». De aquí se deduce bien claro que cualquier petición obrera es siempre «antipatriótica»... Hay algo cómico en este asunto, que nunca han visto los famosos internacionalistas cubanos y yanquis de los Congresos Panamericanos y europeos. Si un estado es soberano tiene siempre la suficiente fuerza armada para imponer su soberanía a todos sus súbditos o ciudadanos, luego, si Cuba es estado soberano, como dicen en la Universidad de La Habana y en todos los lugares donde hay hipócritas, ¿para qué necesita la fuerza armada de los Estados Unidos?, ¿para imponer ese respeto y protección garantizados en la parte cubana y en la parte americana de nuestra Constitución? Falta estado verdadero, o sobra protección.)

Art. 7mo. *Para poner en condiciones a los Estados Unidos de mantener la independencia de Cuba, y «proteger» al pueblo de la misma, así como para su propia defensa, el Gobierno de Cuba venderá o arrendará a los Estados Unidos las tierras necesarias para carboneras, o estaciones navales...* (Se acaba de expresar de manera clara lo que es Cuba: una nación protegida. Está, como Egipto o cualquier otro protectorado, sometida a la tutela de un estado imperialista con la más cara de las protecciones. La única diferencia es que en esos pueblos los nativos conocen valientemente su situación y luchan por obtener su independencia. Aquí, los capitalistas nacionales y los gobernantes, hacen creer a todo el mundo que el capitalismo americano, tiránico y absorbente, es el maná del pueblo cubano.)

He aquí demostrada la falsedad, aun dentro de las teorías de la ciencia oficial, de la vana ilusión predicada en escuelas y cátedras universitarias, que aceptan nuestros gobernantes e intelectuales, de la independencia absoluta de Cuba. Para el hombre de sentido común la realidad le enseña que no hay tal independencia, que no somos ya colonia de España; pero que sí lo somos de la plutocracia norteamericana.

Para el que desee conocer la verdad valientemente, debemos recordarle con Marx, el revolucionario, o Duguit, el reformista, si el primer nombre le asusta, que el estado no ha sido, ni es, otra cosa que la protección y el abuso de la clase dominante en un país.

La América Latina, en mayor o menor grado, no es libre, pertenece al solo estado, al solo poder, que absorbe a todos los otros: los Estados Unidos de Wall Street. Los países como Chile, Argentina, Brasil y Uruguay, que por situaciones especiales no están bajo la influencia directa del capitalismo imperialista, son también Estados capitalistas nacionales: feudos de una casta explotadora.

¿Qué han de hacer los nuevos colonos de la América? ¿Organizar una nueva guerra de Independencia como en el siglo pasado, y hacerse libre [s]? No, ya veremos la única salida.

Otras manifestaciones del dominio yanqui en Cuba

No es solamente imponiendo la Enmienda Platt que los Estados Unidos han intervenido en Cuba. Roig de Leuchsenring, en un valiente y admirable trabajo presentado a la Sociedad Cubana de Derecho Internacional, demuestra cómo Estrada Palma, el Primer Presidente, después de provocar una rebelión del Partido Liberal, ultrajado y robado en los comicios, renunció a su cargo. Estando por esta renuncia la República acéfala —más de lo que estaba cuando el pedagogo ocupaba la silla presidencial— vino la Primera Intervención de acuerdo con la Enmienda Platt. Magoon fue el ladrón que entró como un Rafless en el Tesoro, enseñando el mayor vicio de los políticos actuales. Restaurador de la República, por gracia de los yanquis, que hicieron una legislación por decretos y órdenes militares adecuada a sus intereses. José Miguel Gómez, gobernó, en lo posible, alejado políticamente de los imperialistas; pero pagó su tributo al capital extranjero en el cambio del Arsenal por Villanueva y en la Ley del Dragado de los Puertos.

Cuando ocupó la presidencia el tirano Mario García, que conociendo la vulgaridad de su nombre se añadió vanidosamente el de Menocal, la intervención fue descarada. Primero se impuso cuatro años por una traición del Partido Liberal, y para vencer a la segunda rebelión de este Partido, cuando lo volvió a atropellar con motivo de sus deseos de reelegirse, pactó un empréstito con Wall Street. (Este era el segundo empréstito de la República, pues el bueno de don Tomás había pactado el primero de 35 millones de pesos.) Con este motivo el ministro de los Estados Unidos se hizo una especie de dictador-diplomático. Hizo del Palacio Presidencial su casa particular donde tenía, además de las consideraciones propias de su cargo, las que en una corte versallesca ofrecían algunos miembros de la familia real con los favoritos de moda. Declaró ante su gobierno que los rebeldes eran pagados por el oro alemán, y lanzó una proclama afirmando que los Estados Unidos jamás reconocerían un gobierno nombrado por los alzados. Esta sola declaración bastó para que el ejército sublevado se entregase, y para que los políticos en rebeldía saliesen del país, sin hacer uso de sus fuerzas. El antiguo administrador del Central americano, Mario García Menocal, hizo de la República lo que antes había hecho del feudo azucarero Chaparra. Vinieron expertos americanos para organizar las finanzas, y tropas de la U.S. Army ocuparon el territorio cubano para guardar el «orden y la propiedad» a la vez que no se exponía en las trincheras europeas la vida de algunos hijos de millonarios que eran los que formaban las tropas de ocupación. Sabían que el clima de Cuba y «los hombres de Cuba», serían más benignos que los fríos de la frontera francesa, y la ferocidad de los alemanes.

El segundo Procónsul de la época menocalista fue Crowder. Llegó a bordo de un acorazado y desde allí dirigió las nuevas elecciones. Hizo un código electoral, que impuso al Congreso de la República, y fue el árbitro de la situación en los últimos tiempos del gobierno del más tirano y sanguinario de los cubanos. Al actual presidente, que se titula «restaurador de las libertades» le formó un Consejo de Secretarios, donde uno de los miembros era su ayudante. Para permitir la vida del gobierno le impuso, a pesar de sus protestas de niño que no desea tomar la medicina hasta que no le den un regalo, un gravoso empréstito, donde el ministro elevado a embajador cobró su buena comisión a los Morgan y repartió entre el presidente, el congreso y los periódicos. La «plusvalía» extraída al trabajador de los Estados Unidos por sus ricos explotadores encontraba, por tercera vez, colocación en Cuba.

Para sellar la historieta cómica de Cuba que acabamos de hacer, recordemos que no [hace] muchos días partió para los Estados Unidos el presidente electo. No fue solamente con su familia y sus amigos, sino que de Washington vinieron sus magnates ferrocarrileros para acompañarlo en sus viajes por los bancos de la Unión. Fue con el propósito de rendir pleito homenaje a la Metrópoli de la América Latina: la Casa Blanca, y a contratar el cuarto empréstito para hacer una carretera central, que dejará pingües ganancias a todos los favorecidos del actual régimen.

La única salida

Desde Scott Nearing en Chicago, el formidable sociólogo americano, hasta Ingenieros en Buenos Aires, el también sociólogo argentino, todos están contestes en estudiar esta cuestión con honradez y darle «una misma y única salida».

El dominio yanqui en la América no es como el antiguo dominio romano de conquista militar, ni como el inglés, dominio imperial comercial disfrazado de Home Rule, es de absoluta dominación económica con garantías políticas cuando son necesarias.

Para estas garantías se confeccionó la Enmienda Platt, se ocupó militarmente a naciones como Haití y Santo Domingo con el fin de imponer el terror asesinando, para asegurar así la colocación de sus sobrantes monetarios.

Muchos escritores pregonan para solucionar el problema de la América «una dosis mayor de patriotismo y de honradez». Nosotros no sabemos ya lo que se quiere decir con patriotismo; pues vemos que es la primera virtud de todos los gobiernos que hacen los empréstitos, entregan la tierra a los extranjeros y asesinan o expulsan a los obreros que se levantan a pedir simples derechos constitucionales contra las compañías americanas (Estrada Palma, Menocal, Zayas, Leguía, J.V. Gómez, Estrada

Cabrera, Orellana, Porfirio Díaz, etc., etc.) Se nos dirá que no es este el patriotismo que se pide. Nosotros afirmamos que no puede haber otro en el poder, pues no permitirán los Estados Unidos su elevación. ¿Acaso en nuestra propia república no han impuesto siempre los magnates de Washington y Wall Street al presidente que le convenía a sus intereses? y, ¿no han cerrado la principal puerta de avance de los pueblos: la Revolución, al manifestar que no se reconocería a ningún gobierno revolucionario... hasta que rinda su vasallaje a los señores del azúcar y del petróleo?

En toda la América sucede igual. No se sostiene un gobierno sin la voluntad de los Estados Unidos, ya que el apoyo del oro yanqui es más sólido que el voto del pueblo respectivo. Hoy los pueblos no son nada, ya que la sociedad está hecha para ser gobernada por el dólar y no por el ciudadano. Cualquier gran rico de yanquilandia tiene más dólares que ciudadanos todos los países de la América. El dólar vence hoy al ciudadano; hay que hacer que el ciudadano venza al dólar. Para esto, se dirá, es necesaria una revolución. Sí lo es; pero no una revolución más como la [s] que se ven todos los días en los países de América: revolución de hambrientos, politiqueros deseosos de hartarse con el presupuesto y los empréstitos de los Estados Unidos. Hay que hacer, en fin, la revolución social en los países de la América.

Hay que hacer la revolución de los ciudadanos, de los pueblos, contra el dólar. En todos, inclusive, o mejor, en los Estados Unidos de Norteamérica.

Luchar por la revolución social en la América, no es una utopía de locos o fanáticos, es luchar por el próximo paso de avance en la historia. Solo los de mentalidad tullida podrán creer que la evolución de los pueblos de la América se ha de detener en las guerras de independencia, que han producido estas factorías llamadas

Repúblicas, donde gobiernan hombres iguales, peores algunas veces, que los virreyes y los capitanes generales españoles.

Si la revolución social fuera a producirse solo en el antiguo país de los zares, habría que creer que el esfuerzo gigantesco de los bolcheviques es inferior al de los revolucionarios de 1789, que hicieron sentir la fuerza de su credo hasta en la independencia de la lejana América. Muchos creen que el hecho ruso ha de quedar limitado a las actuales fronteras de la República Socialista; pero su miopía intelectual es digna de la mayor lástima, aunque sean universitarios los sostenedores de esta ignorancia histórica.

La revolución social es un hecho fatal e histórico, independiente de la voluntad de los visionarios propagandistas. No se provoca el desbordamiento de los ríos, por la voluntad de los hombres, sino el río sale de su cauce cuando este es pequeño para el caudal. Así la revolución en los pueblos. Así los hombres de la América, como los de Europa, no pueden soportar la sociedad capitalista que decidió suicidarse, según la feliz expresión de Ingenieros, en la barbarie iniciada en 1914.

El movimiento revolucionario de profesores y estudiantes de la América, se ha unido al viejo y fuerte movimiento de los trabajadores, y ya toda la América no es, en sus talleres y aulas, más que una congregación de iluminados luchando ardorosamente por lo que ya presienten en sus sociedades, y han visto despuntar en otro lugar...

Los iniciadores de la nueva era en la humanidad, los revolucionarios rusos, han dado una organización efectiva al movimiento en este continente, de acuerdo con las necesidades del medio. A la organización y protección de partidos revolucionarios en los países de todo el mundo. La Internacional Comunista ha iniciado en la América la formación de Ligas Antiimperialistas, donde tienen cabida todos los enemigos del mayor enemigo de la justicia y de la libertad en la América: el imperialismo. Obreros de todos los matices, campesinos, estudiantes, intelectuales libres, son invitados a formar un frente único formidable contra el enemigo común ¡a quien es necesario vencer, y a quien se vencerá! Las fuerzas son muchas en los Estados Unidos, y en toda la América Latina no hay un hombre puro que no sea enemigo del imperialismo capitalista. La hora es de lucha, de lucha ardorosa, quien no tome las armas y se lance al combate pretextando pequeñas diferencias, puede calificársele de traidor o cobarde. Mañana se podrá discutir, hoy solo es honrado luchar.

Delenda est Wall Street. He aquí el grito nuevo y salvador. Quien no lo dé, se pone a servir, aunque solo sea con su inacción, al poderoso enemigo común.

Contra el imperialismo; por la justicia social de América.

Glosas al pensamiento de José Martí*

Un libro que debe escribirse

Hace mucho tiempo que llevo en el pensamiento un libro sobre José Martí, libro que anhelaría poner en letras de imprenta. Puedo decir que ya está ese libro en mi memoria. Tanto lo he pensado, tanto lo he amado, que me parece un viejo libro leído en la adolescencia. Dos cosas han impedido realizar el ensueño. Primero: la falta de tiempo para las cosas del pensamiento. Se vive una época que hace considerar todo el tiempo corto para *hacer*.

Todos los días parece que mañana será «el día...», el día ansiado de las transformaciones sociales. Segunda razón: tengo temores de no hacer lo que la memoria del Apóstol y la necesidad imponen. Bien lejos de todo patriotismo, cuando hablo de José Martí, siento la misma emoción, el mismo temor, que se siente ante las cosas sobrenaturales. Bien lejos de todo patriotismo, digo, porque es la misma emoción que siento ante otras grandes figuras de otros pueblos.

Pero, de todas maneras, ese libro se hará. Es una necesidad, no ya un deber para con la época. Lo hará esta pluma en una prisión, sobre el puente de un barco, en el vagón de tercera de

---

*   El texto, escrito en 1926, que sirve de base a la edición fue tomado del Archivo del CC del Partido Comunista de Cuba.

un ferrocarril, o en la cama de un hospital, convaleciente de cualquier enfermedad. Son los momentos de descanso que más incitan a trabajar con el pensamiento. U otro hará el libro, cualquiera de mis compañeros, hermanos en ideales, más hecho para el estudio que para la acción. Pero, hay que afirmarlo definitivamente, el libro se hará... Es necesario que se haga. Es imprescindible que una voz de la nueva generación, libre de prejuicios y compenetrada con la clase revolucionaria de hoy, escriba ese libro. Es necesario dar un alto, y, si no quieren obedecer, un bofetón a tanto canalla, tanto mercachifle, tanto patriota, tanto adulón, tanto hipócrita... que escribe o habla sobre José Martí.

Ora es el político crapuloso y tirano —crapuloso con los fuertes, tirano con el pueblo— quien habla de Martí. Ora es el literato barato, el orador de piedras falsas y cascabeles de circo, el que utiliza a José Martí para llenar simultáneamente el estómago de su vanidad y el de su cuerpo. Ora es, también, el «iberoamericanista», el propagandista de la resurrección de la vieja dominación española, el agente intelectual de los que buscan nuevamente los mercados de la India, el que acomete la obra de «descubrirnos» a José Martí...

Ya da náuseas tanto asco intelectual. ¡Basta! Martí —su obra— necesita un crítico serio, desvinculado de los intereses de la burguesía cubana, ya retardataria, que diga el valor de su obra revolucionaria considerándola en el momento histórico en que actuó. Mas, hay que decirlo, no con el fetichismo de quien gusta de adorar el pasado estérilmente, sino de quien sabe apreciar los hechos históricos y su importancia para el porvenir, es decir, para hoy.

Hay dos tendencias para aquilatar los acontecimientos históricos. Una, que Blasco Ibáñez noveliza en *Los Muertos Mandan*, la de aquellos que sienten sobre sí el peso de todas las generaciones pasadas. Para estos, el acontecimiento de ayer, es el acontecimiento supremo. Son los que en política aman, como única panacea, la Revolución Francesa del 89. Las tumbas de las generaciones pasadas pesan sobre sus espaldas como el cadáver del equilibrista sobre las de Zaratustra. Estos son los conservadores, los patriotas oficiales, los reaccionarios, los estériles emuladores de la mujer de Lot. Hay otra tendencia. Es fantástica y ridícula. Gusta de militar en las extremas izquierdas de las izquierdas revolucionarias. Estos pedazos de lava ambulantes no nacieron de madre alguna. Ellos son toda la historia. Su acción —que rara vez sobresale de su cuarto de soñar— es la definitiva. Estos ignoran, o pretenden ignorar todo el pasado. No hay valores de ayer. Son los disolventes, los inútiles, los egoístas, los antisociales. Hay una tercera forma de interpretación histórica. Debe ser la cierta. Lo es, sin duda alguna. Consiste, en el caso de Martí y de la Revolución, tomados únicamente como ejemplos, en ver el interés económico social que «creó» al apóstol, sus poemas de rebeldía, su acción continental y revolucionaria: estudiar el juego fatal de las fuerzas históricas, el rompimiento de un antiguo equilibrio de fuerzas sociales, desentrañar el misterio del programa ultra-democrático del Partido Revolucionario, el milagro —así parece hoy— de la cooperación estrecha entre el elemento proletario de los talleres de la Florida y la burguesía nacional; la razón de la existencia de anarquistas y socialistas en las filas del Partido Revolucionario. Etcétera, etcétera.

Aquí no estaría terminada la obra. Habría que ver los antagonismos nacientes de las fuerzas sociales de ayer. La lucha de clases de hoy. El fracaso del programa del Partido Revolucionario y del Manifiesto de Montecristi, en la Cuba republicana, que «vuelve —al decir de Varona, y todos lo vemos— con firme empuje hacia la colonia».

El estudio debe terminar con un análisis de los principios generales revolucionarios de Martí, a la luz de los hechos de hoy. Él, orgánicamente revolucionario, fue el intérprete de una necesidad social de transformación en un momento dado. Hoy, igualmente revolucionario, habría sido quizás el intérprete de la necesidad social del momento. ¿Cuál es esta necesidad social? Preguntas tontas no se contestan, a menos de hacernos tontos. Martí comprendió bien el papel de la República cuando dijo a uno de sus camaradas de lucha —Baliño– que era entonces socialista y que murió militando magníficamente en el Partido Comunista: «¿La revolución? La revolución no es la que vamos a iniciar en las maniguas, sino la que vamos a desarrollar en la República».

He aquí una interpretación fugaz de sus palabras:

Democracia Imperialismo...

> *¿Del tirano? Del tirano*
> *dí todo. ¡Dí más!; y clava*
> *con furia de mano esclava*
> *sobre su oprobio al tirano.*
> *¿Del error? Pues del error*
> *dí el antro, dí las veredas*
> *oscuras: dí cuanto puedas*
> *del tirano y del error.*

(Y, si después de haberlo dicho todo, apóstol y maestro, la palabra no basta, no es oída, ¿qué hacer?)

Martí cree posible la democracia pura, la igualdad de todas las clases sociales. Soñaba una República «con todos y para todos». No creía que tirano fuese solo el dominador español.

Presagiaba que podían existir tiranos nacionales y, por esto, hizo sus versos: los mató antes de que nacieran. Conveniente sería que hubiese vivido hasta nuestros días. ¿Qué hubiera dicho y hecho ante el avance del imperialismo, ante el control de la vida política y económica por el imperialismo, ante las maniobras de este entre los nacionales, para salvaguardar sus intereses? Hubiera tenido que repetir su segunda estrofa sobre el error, ponerla en práctica: «no hay democracia política donde no hay justicia económica», hubiera tenido que afirmar.

«El gobierno no es más que el equilibrio de los elementos naturales del país». Puede ser. Pero donde no hay equilibrio, donde no hay «elementos naturales» —no lo es nunca el rico capitalista aburguesado y opresor, o su amo, el imperialismo— donde no hay gobierno, donde no hay nada, es necesario eliminar los elementos no «naturales».

El expresó más de una vez, sus ideas sobre la desigualdad social, sobre el peligro del imperialismo y tópicos similares. En su lenguaje poético de siempre dijo:

«El pueblo más grande no es aquel en que una riqueza desigual y desenfrenada produce hombres crudos y mujeres venales y egoístas...».

«Si se es honrado y se nace pobre, no hay tiempo para ser sabio y rico».

No conozco otra manera mejor de llamarle a nuestros ricos, a los hijos del azúcar, lo que son: *¡Ladrones! ¡Ignorantes!*

Sobre los EE.UU. decía: «Mi palabra es como la onda de David. He vivido en la entraña del monstruo y lo conozco...».

Respecto a lo que debía ser la política cubana:

> ...ponerse en los labios todas las aspiraciones definidas y legítimas del país, bien que fuese entre murmullos de los timoratos, bien que fuese con la repugnancia de los acomo-

daticios, bien que fuese entre tempestades de rencores: si ha de ser más que la compensación de intereses mercantiles, la satisfacción de un grupo social amenazado y la redención tardía e incompleta de una raza... (la negra)... entonces brindo por la política cubana...

En 1879 en Guanabacoa ya reconocía Martí la existencia de una lucha de clases en la sociedad y gritaba por la liberación del negro.

En su bello trabajo sobre los mártires de Chicago nos habla de «cómo esta República —los EE.UU.— por su culto a la riqueza ha ido cayendo en los mismos vicios de los imperios...».

Internacionalismo

A pesar de ser José Martí un patriota, es decir, un representante genuino de la revolución nacional tipo francesa del 1789, fue, como decía Lenin de Sun Yat Sen, representante de una democrática burguesía capaz de hacer mucho, porque aún no había cumplido su misión histórica. Luchaba por Cuba porque era el último pedazo de tierra del continente que esperaba la revolución. Pero jamás ignoró el carácter internacional de la lucha revolucionaria. Se decía que era *un hijo de la América*. Cierto. Solo hay que leer «Madre América» y entonces podremos afirmar:

No ha habido otro revolucionario de los finales del siglo pasado que amase más al continente y que lo sirviese mejor con la pluma, la palabra y la espada. Siempre es la América lo que le obsesiona. Aún más, así como Cuba no es más que un pedazo del continente amado, este no es más que un laboratorio de la futura sociedad universal. Tuvo, sin duda alguna, el concepto del internacionalismo. No es necesario para ser internacionalista odiar el suelo en que se nace, olvidarlo, despreciarlo y atacarlo. Así afirman estúpidamente las plumas reaccionarias y mercenarias que somos los internacionalistas de hoy, los revolucionarios del proletariado. No. Internacionalismo, significa, en primer término, liberación nacional del yugo extranjero imperialista y, conjuntamente, solidaridad, unión estrecha con los oprimidos de las demás naciones. ¿Que solamente los socialistas puros pueden ser internacionalistas? No es nuestra culpa que el proletariado sea la clase revolucionaria y progresista en el momento actual.

Martí y el proletariado

Esta es una de las más importantes facetas de la vida de José Martí. Debe ser el más curioso capítulo del libro que sobre él ha de escribirse. Como enemigo del feudalismo, José Martí fue amigo del negro [:] ¡cuántas cosas grandes y nobles dijo de él! [,] y como amigo de la Revolución Nacional contra el yugo del Imperio Español y contra todos los otros yugos imperialistas, amigo fue también del proletariado. Comprendió las grandes fuerzas revolucionarias y constructivas que el proletariado tiene en sí. Por esta razón, durante su estancia en la Florida entre los tabaqueros de Tampa, no solo sació su hambre física con el óbolo que orgullosos daban los proletarios de la «chaveta», sino que su espíritu se asomó a ese gran paraíso del socialismo internacional...

«Los pueblos son como los obreros a la salida del trabajo: por fuera cal y lodo, pero en el corazón las virtudes respetables». Aquí reconoce poéticamente —como siempre— que es la clase obrera quien más moral atesora por las mismas condiciones de la vida que lleva.

«La verdad se revela mejor a los pobres [,] a los que padecen».

«Para el revolucionario —dijo Saint Just— no hay más descanso que la tumba». «Las universidades deben ser talleres...». Así podría seguirse toda una búsqueda de su respeto y admiración por el proletariado.

Si la envidia de los roedores del genio no lo hubiese llevado a inmolarse prematuramente en Dos Ríos, él habría estado al lado de Diego Vicente Tejera en 1899 cuando fundó el Partido Socialista de Cuba, el primer partido que se fundó en Cuba, después de la dominación española, como Baliño y Eusebio Hernández están hoy con nosotros. Pero quede todo esto, y mucho más para el futuro narrador, crítico y divulgador de la personalidad de José Martí. Basta para un artículo fugaz esta insinuación y esta prueba de la necesidad de ese libro. Terminemos tomando unos cuantos pensamientos del apóstol y haciéndole una rápida glosa a manera de «letanía revolucionaria». Lo necesita el pueblo de Cuba en estos instantes. Puede no ser inútil un recordatorio e interpretación de algunas de sus sentencias. «En la cruz murió el hombre un día; pero se ha de aprender a morir en la cruz todos los días». «Todas las grandes ideas tienen su Nazareno».

¿Dónde están los ciudadanos que no aprendieron esto? Hoy tus compatriotas no mueren en las cruces. Pero sí clavan en ellas al pueblo.

«¡La Tiranía no corrompe, sino prepara!».

El comentario es secreto. En nuestro interior se escucha el himno de las revoluciones y se ve el flamear de las banderas rojas. ¡Viva la justicia social!

«Las redenciones han venido siendo teóricas y formales: Es necesario que sean efectivas y fundamentales».

Esto lo repite diariamente el proletariado y por esas palabras sufre persecuciones, asesinatos y prisiones...

«Ver en calma un crimen es cometerlo».

¡Cuántos criminales hay en Cuba!

«Un hombre que oculta lo que piensa, o no se atreve a decir lo que piensa, no es un hombre honrado».

No piensan así en la República que tú fundaste.

«La palabra de un hombre es ley».

Hoy se dice «La ley es la palabra del "hombre"».

«Juntarse: esta es la palabra del mundo».

Hoy siguiendo tu orden, decimos concretamente: «¡Proletarios de todos los países, uníos!»

«Trincheras de ideas valen tanto como trincheras de piedras».

¡Que tus palabras se cumplan! ¡Aunque serían mejor ambas trincheras a la vez!

El concepto socialista de la Reforma Universitaria*

Mucho se habla de «Reforma Universitaria». El malestar y la inquietud existentes entre los estudiantes hace [n] que se oigan los balbuceos de un lenguaje revolucionario. En *Tren Blindado* y en pláticas públicas trataremos de desarrollar las bases sociales de este movimiento, sus antecedentes históricos, sus principios fundamentales y todo aquello que sea necesario para su mejor comprensión por la multitud estudiantil.

Lo primero que necesitamos definir es el concepto real de la reforma universitaria. Hay mucha palabrería liberal y vacía sobre reforma universitaria, debido a que los elementos que en muchas partes tomaron parte en este movimiento lo eran de la burguesía liberal. Pero si la reforma va a acometerse con seriedad y con espíritu revolucionario no puede ser acometida más que con un espíritu socialista, el único espíritu revolucionario del momento.

Las universidades, como otras tantas instituciones del régimen presente, están hechas para sostener y ayudar el dominio de la clase que está en el poder. Creer que los intelectuales, o las instituciones de enseñanza no tienen vinculación con la división

---

* Texto aparecido en *Tren Blindado*, a. I, no. 1, México, D.F., septiembre de 1928. (Biblioteca Nacional José Martí, Colección Cubana).

sociológica en clases de toda sociedad es una ingenuidad de los miopes políticos. Nunca una clase ha sostenido una institución, ni mucho menos instituciones de educación, si no es para su beneficio. Es en las universidades, en todas las instituciones de enseñanza, donde se forja la cultura de la clase dominante, donde salen sus servidores en el amplio campo de la ciencia que ella monopoliza. Las universidades de los países capitalistas modernos crean abogados, ingenieros, técnicos de toda naturaleza, para servir [a] los intereses económicos de la clase dominante: la burguesía capitalista. Si se considera que los médicos pueden ser una excepción se caería en un grave error. La inmensa mayoría de los médicos que se gradúan, ¿son para servir en instituciones de beneficencia colectiva o para formar en la burguesía profesional individualista y explotadora? Que muchos médicos no triunfen, por las mismas injusticias del régimen presente, no indica que la aspiración del gremio no sea esta.

Sentado esto, que no necesita ampliarse para cualquiera que posea una media cultura social, diremos que la reforma universitaria debe acometerse con el mismo concepto general de todas las reformas dentro de la organización económica y política actual. No hay ningún socialista honesto que suponga factible reformar toda esta vieja sociedad paulatinamente hasta sacar de ella una nueva y flamante como en las viejas utopías. La condición primera para reformar un régimen —lo ha demostrado siempre la historia— es la toma del poder por la clase portadora de esa reforma. Actualmente, la clase portadora de las reformas sociales es la clase proletaria. Todo debe ir convergente a esta finalidad. Pero el hecho de que la solución definitiva sea, en esto, como en otras mil cosas, la revolución social proletaria, no indica que se deba ser ajeno a las reformas en el sentido revolucionario de las palabras, ya que no son antagónicos estos conceptos.

Un concepto socialista de la lucha por mejorar la universidad es similar al concepto del proletariado en su acción por mejorar las condiciones de su vida y su medio. Cada avance no es una meta, sino un escalón, para seguir ascendiendo, o un arma más que se gana al enemigo para vencerlo en la «lucha final».

Luchamos por una universidad más vinculada con las necesidades de los oprimidos, por una universidad más útil a la ciencia y no a las castas plutocráticas, por una universidad donde la moral y el carácter del estudiante no se moldee ni en el viejo principio del «magister dixit», ni en el individualista de las universidades republicanas de la América Latina o EE.UU.: Queremos una universidad nueva que haga en el campo de la cultura lo que en el de la producción harán las fábricas del mañana sin accionistas parásitos ni capitalistas explotadores. Sabemos que no lo vamos a conseguir inmediatamente. Pero en la simple lucha por la obtención de ese ideal de la universidad del porvenir, vamos a obtener un doble triunfo: agitar conciencias jóvenes ganando reductos en el frente educacional contra los enemigos del pueblo trabajador, y, probar, ante todos los revolucionarios sinceros, que la emancipación definitiva de la cultura y de sus instituciones no podrá hacerse sino conjuntamente con la emancipación de los esclavos de la producción moderna que son, también, los títeres inconscientes del teatro cómico de los regímenes políticos modernos.

Los estudiantes y la lucha social*

Como en las universidades rusas de antaño el estudiante se ha lanzado a la lucha social: a la lucha revolucionaria. Desde 1918, en la Córdoba Argentina y feudal, hasta 1923, en La Habana antillana y yanquizada, pasando por Chile y Perú, la juventud universitaria ha venido luchando en un movimiento que ha denominado Reforma o Revolución Universitaria. Tiene este movimiento carácter continental. Es, como ha dicho uno de sus mentores ideológicos —José Ingenieros—, «un signo de los tiempos nuevos».

En sucesivos artículos para este periódico trataré de hacer una síntesis del movimiento universitario de la América Latina, ora sea en su aspecto histórico y social, ora en cuanto a los principios de lucha empleados. Pero, de los tres postulados fundamentales de la Revolución Universitaria: Democracia Universitaria, Renovación del Profesorado o Docencia Libre, y, Lucha Social, ninguno [es] de más interés que este último. Lo que caracteriza la Revolución Universitaria es su afán de ser un movimiento social, de compenetrarse con el alma y necesidades de los oprimidos, de salir del lado de la reacción, pasar «la tie-

---

* Escrito en diciembre de 1927. El texto base fue tomado de Julio Antonio Mella: *Ensayos revolucionarios*, Editora Popular de Cuba y del Caribe, La Habana, 1960, pp. 101-106.

rra de nadie», y formar, valiente y noblemente, en las filas de la revolución social, en la vanguardia del proletariado. Sin esta guía, sin este afán, no hay revolución universitaria. Podríase definir este magnífico movimiento continental como una batalla en el terreno educacional de la gran guerra de clases en que está empeñada la humanidad.

Nada hay «libre» en la sociedad actual, cual pretenden los liberales utopistas. ¿La prensa? Sirve a quien la paga con sus anuncios y con sus dádivas secretas, pero nunca es una entidad libre para defender todas las ideas y la justicia. Si esto hiciera, sucumbiría; contra el interés creado que la sostiene no se puede rebelar, como no se puede rebelar el estómago contra el alimento. ¿El Arte? Tampoco es libre. Todas las últimas degeneraciones que ha habido en este terreno demuestran, de una manera clara, que es necesario hacer «arte» para quien lo puede pagar, para la burguesía capitalista y para todos aquellos que han asimilado su gusto. Solo la burguesía decadente puede gustar del arte decadente y «oficial» de hoy.

¿La Riqueza? Hablando en sentido de la Economía, pertenece a una minoría, a una oligarquía imperialista capitalista extranjera, que domina el mundo, de acuerdo y por medio de las burguesías nacionales, simples mendigos de la oligarquía anterior. (Se habla aquí de la América Latina.) No creemos a ningún estudiante honrado que suponga cierta la llamada «libertad de trabajo» o «libertad de contratar». Entre el capitalista que todo lo puede esperar hartado y el trabajador que nada posee fuera de la mercancía de su cuerpo, no es posible, cuando se ponen frente a frente, que las dos sean igualmente libres. De aquí surge la injusticia en la producción y consumo de las riquezas sociales. ¿El Estado? Solamente esos «ciegos» que no pueden ver lo que no les conviene pueden afirmar su libertad, su imparcialidad en la gran guerra social. El ejército, los tribunales, las leyes, ¿qué interés defienden? Es ya una vulgaridad muchas veces repetida —pero muy pocas veces aceptada— que el actual Estado no es más que la protección de los capitalistas. Podríase llevar este análisis hasta cosas íntimas. Pero bastará hoy el carácter privilegiado y clasista de la educación.

¿Quien recibe educación?

Una simple ojeada a las listas de matrículas enseñará inmediatamente cómo los nombres, en su inmensa mayoría, coinciden con los nombres de las «familias bien», «acomodadas», etc. La educación preparatoria y superior no es completamente gratuita. Quien no tenga resuelto el problema económico de su vida no puede aspirar a recibir esa educación. (El «estudiante-proletario» es una excepción. Pero por regla general, ¿a qué aspira? ¿A servir la clase proletaria donde se encuentra o a saltar hacia la clase capitalista «para vengarse de sus miserias de ayer», mediante el triunfo individual, o sea, el triunfo burgués?) La misma gratuidad de la enseñanza primaria es una farsa. Niños hambrientos y enfermos, hijos de padres también hambrientos y también enfermos, jamás asimilarán, en todo su valor, ni la enseñanza elemental. Nadie ignora tampoco el enorme tanto por ciento de niños trabajadores. Quien no comprenda que la educación es un simple privilegio de los capitalistas, privilegio «clasistamente» repartido, que abandone todos sus libros, y, siguiendo el consejo de Nietzsche, se suicide. Este ignorante jamás triunfará con la vida, que «triunfe con la muerte».

Pero si este monopolio general es cierto, no menos cierto es que, debido a la lucha entablada entre las clases enemigas, los explotados van conquistando puestos, reductos, que pertenecían a la línea contraria.

Si se toma a México, por ejemplo, vemos como en arte y literatura hay una pléyade de artistas y literatos genuinamente revolucionarios. En política y en economía también como «dentro del cascarón de la sociedad actual se va formando la nueva». Las cooperativas, los sindicatos, los partidos obreros, las escuelas proletarias, los editoriales revolucionarios, etc., son una demostración de la futura democracia proletaria.

Ahora todo estudiante no corrompido comprenderá el porqué de la revolución mundial contra los detentadores del privilegio educacional. Esta batalla no se puede ganar definitivamente hasta que no se dé fin a la guerra social con el triunfo de los oprimidos de hoy.

Como ayer la Revolución Francesa, la Rusa tendrá su proyección en la América. Los actos sociales de la Revolución Universitaria en la América Latina son indicios terminantes de la futura transformación política. No ha habido movimiento universitario puro que no se vincule con las capas sociales y sus problemas.

Nueva ruta a los estudiantes*

Manifiesto de la asociación de estudiantes proletarios

La lucha de clases que es el móvil de toda la historia está entrando en un nuevo y definitivo período: el de la lucha final entre las dos clases antagónicas del momento presente.

Trabajadores y explotadores han constituido sus frentes de batalla internacional. No hay tregua, ni se desea. No es solamente dentro de las grandes naciones de la Europa donde vemos esa lucha, sino que en todos los pueblos del mundo los combatientes pelean a muerte. Puede la reacción capitalista llamarse en Europa, Estados Unidos y el Japón, fascismo, parlamentarismo o social democracia, y en las tierras que poblamos los amarillos, los rojos y los negros, se llama «misión civilizadora». Pero en uno y otro lugar es el mismo enemigo: el capitalismo llegado a su última fase: el imperialismo. Italia, Polonia, Francia, China y Nicaragua confirman nuestras palabras.

Y esta lucha final, que ha comenzado con el suicidio de los civilizados en 1914, llena todo el mundo y todas las actividades.

---

* Texto aparecido en *Tren Blindado*, a. I, no. 1, órgano de la Asociación de Estudiantes Proletarios, Universidad Nacional Autónoma de México, México, D.F., (sin firma), en septiembre de 1928. (Biblioteca Nacional José Martí; Colección Cubana).

Nadie puede negar esta realidad. No hay hombres libres, aislados en medio de este combate. La «tierra de nadie» en los frentes de batalla no es un lugar inmune ni habitable.

Ni en nombre del arte, ni de la ciencia, ni del derecho, ni de la libertad individual se puede ser ajeno a esta lucha. Quien no lucha es aliado del enemigo, ya que resta un brazo a la acción en los momentos en que todos deben luchar. El indiferente lleva el peligro de caer por una bala perdida. Por eso repetimos, después de veinte siglos, la frase: «quien no está con nosotros, está contra nosotros». Así dicen los trabajadores, no con el sectarismo que se les atribuye por los ilusos, sino con el claro entendimiento de la realidad.

En todo el mundo es este el dilema: *con los trabajadores o con los explotadores.*

En México no nos hemos libertado de esta realidad. Llevamos cuatro lustros viendo cómo la lucha de clases se desarrolla llevando los contendientes las armas en la mano, y todavía los explotados no han conseguido su objeto. Una y otra vez han sido traicionados por elementos que se han dicho sus redentores y no han sido sino sus alucinadores.

En los momentos presentes, quizás mejor que en cualquier otra ocasión, los oprimidos se dan cuenta exacta de esta verdad. Ya están comprendiendo que su emancipación solo podrá ser obra de ellos mismos. No más caudillismo, ora sea militar, civil o intelectual.

¡No!

La masa explotada no se va a liberar ni por las espadas providenciales, ni por los licenciados eruditos, ni por los falsos intelectuales que se dicen profetas...

Esta crisis que se señala en el movimiento social mexicano está circunscrita al campo de la política. En todas las esferas de la vida se padece del mismo mal. Cuando se quiere hablar de reconstrucción económica, el remedio más fácil es entregarle [s] las riquezas de la nación a los imperialistas. Cuando se habla de «redimir» al indígena, la forma más cómoda es someterlo a nuestra «barbarie» capitalista, quitándole sus virtudes sin lograr imbuir en esos pueblos —que la conquista y la república detuvieron en su desarrollo normal— ninguno de los progresos que hemos obtenido. Cuando se desea elevar el nivel cultural de la nación, no llegamos a dar más que fábricas de parásitos profesionales sin lograr la resolución del pavoroso problema de los millones de analfabetos, y el más terrible aún del atraso de nuestros conocimientos técnicos, base fundamental para una cultura nacional sólida. Cuando se quiere hacer arte, se busca quien lo ha de pagar, y entonces se le hace a su gusto burgués.

Esta crítica dura, pero real, que hemos hecho, sirve para proclamar nuestra absoluta independencia de los valores consagrados, de las normas fosilizadas que dan la patente de «revolucionario», de los maestros que se han atribuido en este siglo veinte, la vanidosa pretensión de ser pastores cuando ya nadie quiere ser rebaño, excepción hecha de ciertos jovenzuelos que con miras estomacales pretenden nombrarlos cuando la fortuna política les va a sonreír; de los caciques que monopolizan el poder público como un botín de bandidos.

No otra actitud puede asumir quien sepa comprender el momento histórico y las necesidades sociales de transformación.

Entre los estudiantes, como en otros tantos grupos heterogéneos de la sociedad, se refleja el fenómeno que hemos anunciado en los párrafos anteriores. Entre nosotros también hay los explotadores y los trabajadores. Por lo menos, los que aspiran a servir a los primeros, y los que están dispuestos a cooperar con los últimos. Todos aquellos para quienes la carrera no sea un oficio, sino una industria donde ellos van a ser los empresarios, pertenecen ya a la burguesía explotadora. Hoy son burgueses por su ideología y sus aspiraciones, mañana lo serán por sus hechos.

Los que creen que la sociedad está bien con su organización actual; los que afirman que las reivindicaciones del proletariado no son justas; los que solo conciben vivir explotando, esos que nos dicen que el arte no tiene que ver con la lucha de clases en la sociedad; los que desprecian a los estudiantes proletarios que toman cursos técnicos para servir a la moderna industria, creyéndose parte de una aristocracia intelectual; esos son nuestros enemigos. Llevaremos contra ellos todo el rigor de la lucha de clases que en la sociedad emplean nuestros hermanos los trabajadores. No podemos permitir que junto a nosotros se incuben los futuros jefes fascistas, los futuros mayordomos intelectuales de la burguesía y del imperialismo.

Hacemos un llamado a todos los estudiantes que simpaticen con nuestra crítica del régimen presente, para que nos ayuden a cooperar en su transformación y mejoramiento.

Los invitamos a militar en las filas de la «Asociación de Estudiantes Proletarios» con el fin de prestar nuestro contingente a los trabajadores y a sus organizaciones, a estudiar científicamente sus problemas, pues son los de todo hombre progresista, y a llevar a la práctica nuestras convicciones cooperando en la lucha activa del proletariado industrial y campesino.

Seamos avanzada en el campo de la cultura y en las instituciones de enseñanza del nuevo régimen socialista. Lo que los sindicatos son en un orden: embriones de la futura organización económica socialista, y los partidos del proletariado en otro: embriones de la futura armazón política del estado proletario, seremos nosotros en nuestro campo: iniciadores de los batallones que lucharán al lado de ellos en la rebeldía y en la construcción del nuevo sistema social.

Técnicos de la revolución debe ser nuestro papel en sus tres períodos: el actual de gestación y de organización de los cuadros, el próximo de insurrección, y el final de construcción socialista.

Solo así puede ser útil nuestra cultura. No se ha de forjar tan solo en la cátedra y en los libros. Necesitamos experimentar para no ser engañados, y probar los postulados en la realidad. De aquí nuestra ayuda a los sindicatos, a las cooperativas, a las organizaciones campesinas, a toda la lucha social.

¡Proletarios de todos los países, uníos!*

K. Marx

Juntarse es la palabra del mundo

José Martí

He aquí dos sentencias pronunciadas en diferentes latitudes y por hombres muy distintos; pero encerrando ambas una profunda verdad. Para fines similares los dos maestros hicieron esas dos frases que la posteridad ha inmortalizado. El tópico de la unión es uno gastado al parecer. En teoría lo es verdaderamente. No pretendemos decir nada nuevo; pero tenemos que repetir que las cosas de puro sabidas se olvidan. Así los beneficios de la unión de la clase obrera para defenderse de sus enemigos. Desde que somos pequeños nos enseñan en la escuela, o en la familia, el viejo y bello cuento del leñador y sus siete hijos que no pudieron romper las siete varas unidas en un fuerte haz, siendo quebradas una a una por el leñador después de haberlas desatado. Los periódicos obreros repiten en cada uno de sus ejemplares la sentencia marxista que titula estas líneas.

Donde cambia el aspecto de la cuestión es cuando hay que practicar las frases. Entonces se da uno cuenta del gran abismo que va de la realidad a la teoría. Podemos afirmar, sin temor

---

* Texto aparecido en *Aurora*, no. 51, La Habana, pp. 672 y 673, octubre de 1925. (Biblioteca del Instituto de Literatura y Lingüística).

de mentir, que los obreros tienen un morboso patriotismo gremial. Llegan a olvidar muchas veces que son españoles, cubanos, negros, chinos, etc., y se agremian para la defensa de sus intereses. Lo que olvidan difícilmente es el pernicioso espíritu individualista de los gremios medioevales. Temen unirse a las demás organizaciones porque creen manchar su prosapia. Si no lo viéramos no nos atreveríamos a decirlo: hay una nobleza aristocrática entre los obreros. La organización H se cree mejor que la B, y esta superior a la J, a la H, a la P, y hasta a la M. Esto es una enfermedad propia y natural en los medios obreros que aún no son fuertes en la *lucha de clases*: Estados Unidos, Cuba, y el resto de la América Latina. No tiene efecto esta enfermedad infantil en aquellos lugares donde el proletario es perseguido, y conoce bien claro que tiene un fuerte y único enemigo: Francia, Italia, Alemania, etc.

Responde en el desenvolvimiento de la lucha obrera este concepto de independencia sindical, al de independencia de las pequeñas nacionalidades en los albores de la Edad Moderna. Las múltiples nacionalidades que constituyen España, Italia, Alemania, son una muestra. La América, igualmente, en los albores de su vida libre, se subdivide y se fracciona tanto como valles u hombres con ambición existen. El nuevo movimiento de unión de todos sus pueblos avanza y triunfará en este siglo de internacionalismo.

En el movimiento obrero cubano la idea de independencia sindical, de pequeñas republiquitas obreras va perdiendo fuerza. Es una consecuencia del avance del proletariado en este país. Lo prueba el afán de unirse de todas las masas, que celebran congresos y se disponen a constituir federaciones y confederaciones. Los torcedores son una buena muestra de lo dicho, ya que ha habido una gran reacción entre ellos después de un referéndum basado en una mala interpretación. *Hay tanto derecho a estar dividido en sindicatos o asociaciones libres, como a declararse en repúblicas independientes los distintos barrios de la capital, y las provincias de la isla.* Esto parece una locura, pues lo mismo parecerá dentro de un lustro el actual fraccionamiento de la clase obrera. Hay quienes creen sostener la teoría [de] que unirse fraternamente los organismos obreros es perder su independencia o servir de esclavo. Grave y funesto error. Esto es lo que sostienen los que nos llaman antipatriotas porque somos internacionalistas, como lo es la Iglesia, la alta Banca, etc., en otros ramos. Podemos amar y amamos, como el que más, la tierra donde nacimos y vivimos y a todos sus hombres, pero esto no nos ha de obligar a odiar a los otros países, y a las otras razas; porque siguiendo este raciocinio tendríamos que conceder el mismo derecho a los otros pueblos y naciones, justificando así todas las depredaciones de los imperialistas franceses y españoles en Marruecos y las de estos últimos en la América colonial del siglo pasado.

El obrero puede y debe amar su organización, pero esto no ha de impedirle amar, también, la de los otros y constituir una sola para los puntos, no del oficio, sino de los intereses colectivos de la clase obrera, que tiene que enfrentarse con la clase patronal, una sola en toda la República, pues aunque no esté organizada en una Confederación Nacional Patronal tiene un gobierno nacional que es su representante.

Algunos dividen a la masa obrera en un arco iris de colores: rojo, amarillo, anaranjado, rosado, blanco, negro, etc. Vamos a decir la verdad de la situación. En cualquier lugar que existe un obrero explotado hay un proletario ansioso de emanciparse. Lo de los colores son divisiones que más responden a los intereses de los líderes que a la mentalidad de la clase proletaria. *No hay razón para la división.*

El que no luche por constituir una sola organización sindical en la república es un traidor a los ideales de los trabajadores por ser muy ignorante o muy sinvergüenza. El hecho de que una organización sea roja o blanca no es razón para estar fuera de ella. Tampoco el que lo sea amarilla. El sentido común indica que si no se quiere que una organización sea verde, sino azul, la manera de cambiarle el color no es apartándose y lanzándose saliva desde lejos, sino penetrando en ella, y gritando la verdad. Se impondrá unir y exclusivamente la verdad que esté no de acuerdo con la mentalidad de los ilusos o la de los parásitos, sino la verdad que esté de acuerdo con la realidad del momento y del interés de la clase proletaria.

Esto no quiere decir que existan ideas distintas entre los trabajadores. No. Lo que afirmamos es que estas ideas pueden tener razón de ser en todos los partidos, desde los partidos políticos, anarquistas, hasta los reformistas colaboracionistas; pero nunca ser motivo de la división entre las organizaciones trabajadoras. Estas son una para los problemas del trabajo. El patrono es igualmente inhumano cuando es Mr. Jack, que cuando se llama Zorrilla. Cuando las persecuciones se inician tampoco preguntan a qué tendencia pertenecen los obreros. Basta que usen blusas y no sean señoritos de casa particular para ser encarcelado o expulsado.

Nuestro grito debe ser en estos momentos: *La unidad de todas las organizaciones por encima de todo. Toda voz contraria es una voz de traidor o de ignorante.*

En próximos trabajos hablaremos sobre los comités de unidad y fraternidad que deben formarse en cada organización para entrar en relaciones con las otras. Cuando los obreros se vean que son iguales no oirán a muchos líderes que pretenden tenerlas divididas para sus intereses particulares.

Otro punto interesantísimo es la acción conjunta de la Prensa Obrera sobre múltiples materias. Un Congreso de la Prensa Obrera sería una obra de gran utilidad. Quizás de allí saldría algo de interés para los trabajadores. Hay que convencerse que la Prensa Obrera no realiza hoy labor equivalente a los esfuerzos que cuesta a las organizaciones. Reconocer un error y enmendarse es ser infalible. Meditemos en estas horas trágicas para el proletariado sobre los innumerables problemas expuestos, mientras los más valiosos camaradas caen por el plomo o el odio de nuestros enemigos, para hacer detener las persecuciones haciéndonos fuertes, reafirmándonos en los dos principios enunciados: Proletarios de todos los países: Uníos, y Juntarse es la palabra del mundo. Reafirmémonos, no teóricamente, sino prácticamente, aplicando la idea al medio.

Nuestras enfermedades infantiles*

El intelectual y el capitalismo

Existe una realidad en la lucha social: el antagonismo entre obreros e intelectuales. Negarla o quererla tapar llamando a los intelectuales «trabajadores del cerebro» es cosa propia de los demagogos.

El llamado intelectual (profesional, técnico, oficinista, escritor, etc.) es, ante todo, por regla general, un elemento que no produce «valor» en el sentido económico de la palabra.

Cualquier obrero no podrá comprender esto dentro de la fórmula de Marx; pero lo ve y lo interpreta a su manera. Hay algo más: el intelectual aspira a la formación de la propiedad. Todos los códigos conceden el derecho de propiedad privada a los intelectuales sobre sus obras e inventos. En un régimen comunista o socialista esto sería inadmisible. El producto intelectual será social, lo mismo que el de la máquina y los brazos. Pero el verdadero motivo del antagonismo está en que el intelectual para vivir necesita «robar» al obrero una parte de la ganancia que el capitalista le extrae, ya que solo él produce «valor» [.] Así inter-

---

*   Texto aparecido en *El Machete*, nos. 116 y 118, México, D.F., 2 de mayo y 9 de junio de 1928. (Firmado con el seudónimo de Cuauhtémoc Zapata).

preta el sindicalista Enrico Leone la diferencia entre intelectuales y obreros. El intelectual ha de vivir, dentro de la sociedad actual, de las migajas del capitalismo. No tiene otra posibilidad.

Esta situación de los intelectuales hace que el obrero vea en ellos algo semejante a la fuerza armada del gobierno. No todos los proletarios comprenderán la teoría de Engels sobre el estado; pero ellos saben que un grupo de hombres uniformados rompen sus huelgas, asesinan a sus compañeros y siembran el terror.

Igualmente conocen que hay otros «hombres inteligentes» que los expulsan de su casa, escriben en la prensa burguesa teorías contrarias a sus intereses y hablan en los teatros y universidades contra sus aspiraciones. Estos se llaman intelectuales y son para él tan enemigos como los hombres uniformados.

El intelectual y el socialismo

¿Por qué hay tantos intelectuales socialistas? El régimen capitalista en su perfeccionamiento ha ido agudizando más las contradicciones sociales. El intelectual, por las constantes crisis económicas, se declara rebelde, aunque solo hay una clase en rebeldía permanente: la clase obrera. Pero la aspiración de la mayoría de estos nuevos socialistas es mejorar, reformar el régimen capitalista, donde ayer estaban bien y hoy, por la crisis habida, están mal. El socialismo no es para ellos una operación quirúrgica definitiva, sino un buen remedio casero para aliviar. Hay también intelectuales a quienes el grito de la realidad les enseña el principio de Marx: la clase obrera no podrá libertarse sin libertar a las demás clases, aboliendo el sistema de división en clases.

Estos van derechos hacia el socialismo por la revolución proletaria. Nada peligroso hay en que ingresen a los partidos del proletariado (actualmente en casi todo el mundo solamente los partidos comunistas lo son) elementos revolucionarios no obreros. El peligro está en que impongan una ideología reformista y oportunista. La equivocación está en querer hacer del socialismo algo diferente a una consecuencia, a una coronación final de la lucha del proletariado contra la burguesía y contra su sistema social.

Una enfermedad de infancia

Todo esto era necesario para explicar la pugna interna en los partidos reformistas, entre intelectuales y obreros, o lo que así ha dado en llamarse. El obrero inculto y el intelectual reformista al entrar en un partido prolongan la realidad social exterior. Pero en el Partido Comunista esta pugna no tiene razón de ser. Cuando un ciudadano ingresa al Partido Comunista, lo hace porque acepta y comprende todos los postulados científicos del socialismo. Establecer divisiones entre intelectuales y obreros dentro de un Partido Comunista, es afirmar que no es un partido revolucionario. Quien dentro de un Partido Comunista sea todavía un intelectual, es decir, uno de aquellos que «no han roto el puente que los une a la burguesía», debe romperlo de una vez o salir del partido. Pero no es esta la causa de la pugna interna en algunos jóvenes partidos de América. Existen demagogos —todo lo contrario del revolucionario— que hablan de dictaduras y «mangoneos» de los que más saben, más luchan y más aportan a la causa proletaria. También obreros incultos —hablamos de la cultura que el proletariado necesita— traídos muy «verdes» a la lucha social, [que] no son capaces de comprender la necesidad de una dirección, de una disciplina, de un estudio, de un perfeccionamiento diario en la acción y en la teoría, para servir mejor a la causa. Estos no hablan contra los directores, sino que los llaman «intelectuales». Muchas veces estos «intelectuales» son obreros que han aprendido. Este problema debe ser resuelto. Dentro de un Partido Comunista no hay división entre intelectuales y obreros, como no la hay entre carpinteros y sastres, por ejemplo. Solo hay comunistas. ¿Qué es un comunista? El revolucionario sincero que acepta el programa del partido y contribuye diariamente con su trabajo a realizarlo.

Los trabajadores de la revolución

Esto nos enseña que se necesita una organización y unos elementos capacitados para dirigirla. Estos son los «trabajadores de la revolución», elementos que han hecho de la lucha por el comunismo su principal profesión. Pueden ser obreros, estudiantes; pero su trabajo *es hacer la revolución*. Decía Lenin tratando esta misma cuestión: «*un comité de estudiantes no es bueno, esto es verdad, pero la conclusión que se debe sacar es que necesitamos un comité de revolucionarios profesionales, no importa si es obrero o estudiante es capaz de prepararse para ser un revolucionario profesional*».

Refiriéndose a los que hablaban de estas divisiones dentro del Partido Social-Demócrata Ruso, afirmaba: «Esos son los peores enemigos de la clase trabajadora, porque levantan instintos viles en la multitud».

¡Hacer trabajadores de la Revolución! He aquí nuestra tarea. «El problema —decía Lenin también— no es degradar al revolucionario al nivel del principiante, sino elevar al principiante al nivel del revolucionario».

La labor de crear trabajadores de la Revolución hará al Partido fuerte y de un solo bloque, irrompible en la lucha de hoy y capaz de realizar mañana su misión desde el poder. Enseñar a los obreros lo que es socialismo como crítica, como organización, como ciencia, y poner al no obrero en contacto con la masa trabajadora, en la célula, en el comité, en el local, en el campo, en la distribución de propaganda. He aquí el trabajo que hará al partido verdadera vanguardia de la clase obrera y campesina.

¿División? No. No intelectuales versus obreros, sino *buenos comunistas, contra malos comunistas*.

¿Qué es el ARPA?*

¿Qué es el ARPA?

Estas iniciales tratan de corresponder al siguiente nombre: Alianza Revolucionaria Popular Americana. Así lo hemos visto escrito en algunos periódicos. Otras veces se llama Frente Único de Trabajadores Manuales e Intelectuales y hasta Partido Revolucionario Antiimperialista Latinoamericano. Algunas veces aparecen las iniciales cambiadas así [:] APRA en vez de ARPA. Lo de «Popular» va antes de lo «Revolucionario». ¿Qué interés tiene esto para las multitudes proletarias y revolucionarias? Pues que el movimiento, nacido de un grupito de estudiantes [,] ha pasado de ser una simple especulación juvenil y se ha dedicado a atacar en privado —no hay valor moral y sería mala estrategia hacerlo en público— a la Revolución rusa, a los comunistas y a todos los obreros verdaderamente revolucionarios. Por otro lado, los «arpistas» —como la poca masa obrera que los conoce les llama— quieren aparecer como sucesores de Marx y de Lenin en la América Latina, únicos intérpretes de la doctrina socialista y salvadores providenciales de los pueblos oprimidos por el imperialismo yanqui. Estos sueños no tienen nada de peligroso. Pero

---

* Texto aparecido por vez primera como folleto en México, D.F., abril de 1928.

es necesario [de] una vez por todas, ocuparse de estos propagandistas literarios y contestar a sus errores ideológicos. La verdadera base social de movimiento debe ser también definida: lo mismo la causa de sus ataques y odios al proletariado revolucionario. El método *bluffista* de propaganda es posible que también merezca unas cuantas palabras. La masa obrera del continente, que está constituyéndose con una sólida y pura conciencia clasista, necesita no ser perturbada.

Si solamente fuésemos a contestar al ARPA no hubiéramos escrito este trabajo. Pero lo importante es que el ARPA representa los *intentos* de organización del «oportunismo» y del «reformismo» latinoamericanos. Contestar al ARPA es un medio de contestar a todos los oportunistas y reformistas traidores que sustentan iguales o similares ideologías, aunque nieguen tener vinculación con el ARPA, o se digan enemigos de ella. De aquí la utilidad de tratar de fijar nuestros puntos de vista frente a la propaganda de los traidores conscientes al proletariado y a los pseudo-reformistas de las tendencias revolucionarias.

Veamos cuáles son los postulados del programa tan «genialmente» concebido:

El programa:

1. Contra el Imperialismo Yanqui (¿Y el inglés? Es fuerte todavía).
2. Por la Unidad de América (¿Qué clases de la América?).
3. Por la Nacionalización de la tierra y de la industria.[4]
4. Por la Internacionalización del Canal de Panamá.
5. En favor de todos los pueblos oprimidos del mundo.

(Aquí parece que no entran los pueblos de la Unión de los Soviets amenazados por el imperialismo internacional, ya que duramente atacan la solidaridad con la URSS).

Antes que nada, hagamos constar que estas cinco generalidades son más o menos repetidas desde hace mucho tiempo por todos los que luchan contra el imperialismo. No solamente carecen del valor de la originalidad que ellos vociferan como programa salvador y «genial» sino que los que hasta ahora han tratado el problema del imperialismo en América han dado soluciones más concretas y prácticas que estos cinco «postulados». Ingenieros, Ugarte —entre los intelectuales— han sabido estudiar el imperialismo mucho antes de que el ARPA sonara.

La Unión Latinoamericana tiene un programa similar desde 1923, y los libros de Ugarte y los escritos de Ingenieros, a pesar de los ataques de «intelectualismo», ataques lanzados por los «arpistas» para aparecer ellos como los únicos salvadores, han sido más útiles que todos los discursos retóricos, actitudes teatrales y manifiestos solemnes de los jóvenes mesías arpistas.

«Se había ya enunciado el hecho económico del imperialismo, pero no sus características de clase y la táctica de lucha para defendernos de él» (¿*Qué es el ARPA?*, por Haya de la Torre). Solamente intelectuales aislados de la masa obrera y del movimiento revolucionario de la América y del mundo pueden afirmar esto con tanta desvergüenza e impudor intelectual. ¿Acaso todos los revolucionarios son los grupitos de estudiantes que se atribuyen la redención del mundo y van al proletariado no como luchadores sino como «maestros» y «guías»? ¿Acaso no se escribió: *El imperialismo, última etapa del capitalismo*[5] en el año de 1916? ¿Acaso no existían partidos proletarios en la América del Sur, Central y Antillas, antes de que el ARPA naciera a la vida de los divisionistas del movimiento obrero revolucionario? ¿Acaso porque los arpistas ignoren las tesis de Lenin para el Segundo Congreso de la Internacional Comunista, estas no fueron escritas en 1920 y determinaron claramente el carácter y las tácticas de la lucha antiimperialista?⁶

Todavía más: estos postulados, que son una cosa «original y salvadora», están ya en la Constitución de 1917 y el pueblo mexicano ha estado luchando por ellos desde hace tiempo. Los artículos 27 y 123 —más revolucionarios que toda la palabrería arpista— [,] la llamada Doctrina Carranza, nos hablan en la América con el lenguaje de la acción práctica, no con verbalismo intelectualista, de nacionalización de tierras e industrias, de solidaridad latinoamericana, etc. Sin embargo, en el manifiesto inaugural de esa sociedad de parvulitos de la revolución se afirma, sin que los autores se sonrojen, lo siguiente: «De las Universidades Populares González Prada del Perú surgió una nueva interpretación del problema y especialmente de la forma de acometerlo». Hasta ahora tampoco vemos esa acometividad, a menos que las palabras y los retratos sean acometividad. La mentira no puede llegar hasta donde los arpistas desean y entonces tienen que confesar: «La Liga Antiimperialista fue el primer paso concreto hacia la Unión del Frente Único de Obreros, Campesinos y Estudiantes». Nada más que esta organización, fundada en México por un grupo de revolucionarios e intelectuales de vanguardia y extendida rápidamente por todo el Continente, debe haber sido obra también de… las Universidades Populares González Prada.

Lo probable es que Madero para iniciar el movimiento de 1910, Carranza para el suyo y Lenin para la Revolución proletaria en Rusia, consultaran antes los textos bíblicos-revolucionarios que guardaban en sus archivos los futuros arpistas.

«La Liga Antiimperialista no enunció un programa político». Esta mentira lo afirma todo un intelectual que se dice marxista y que se supone ha leído los números de *El Libertador* donde se desarrollaba el programa de la Liga Antiimperialista.

Lo que la Liga no ha hecho es proclamarse «Partido Continental» o, locuras por el estilo. En la Liga ha habido y hay revolucionarios de experiencias que no temen a los imperialistas, pero sí al ridículo y por eso no levantan organizaciones fantásticas con unos cuantos nombres, ni se olvidan de lo que es la América, ni el primer cuarto del siglo XX, para creer que un partido político continental, organizado desde un confortable estudio, sea realidad por el simple hecho de existir en la imaginación de un iluso. Pero las Ligas Antiimperialistas, que hoy los arpistas atacan, después de haber sido hasta ayer sus defensores y participantes, son como dice el mismo Haya de la Torre, «el primer paso concreto». Nosotros añadimos: el único concreto y práctico hasta hoy.

El Programa merece todavía un análisis desde otro punto de vista, fuera del carácter sensacional que le han querido atribuir sus autores. Afirman y juran que es «marxista». Este «marxismo» es una forma de llamarse «socialistas científicos» sin que se les pueda colgar el sambenito de comunistas o socialistas revolucionarios.

Sin embargo, veremos más adelante que no hay nada más alejado del marxismo verdadero que el ARPA y sus «teorías». Aquí solamente unas cuantas palabras. En el programa marxista, enunciado desde 1847 por Carlos Marx y Federico Engels —el *Manifiesto Comunista*— no se habla de nacionalización en abstracto ni de solidaridad en general.

Se nos dice bien claro que se trata de la «organización del proletariado como clase para la destrucción de la supremacía burguesa y la conquista del poder político por el proletariado». Luego, «abolición de la propiedad privada y la propiedad burguesa», Marx y Engels como luchadores del proletariado, no necesitaban engañar a nadie para escalar el poder.

Ellos siempre permanecieron en la edad viril en que, según el renegado italiano Papini, se coge al toro por los cuernos y se llaman las cosas por su nombre.

Cuando los comunistas rusos, únicos realizadores hasta hoy, del marxismo, tomaron el poder, socializaron inmediatamente la tierra y las fábricas, organizando la producción socialista. Nacionalizar puede ser sinónimo de socializar, pero a condición de que sea el proletariado el que ocupe el poder por medio de una revolución. Cuando se dicen ambas cosas: nacionalización y en manos del proletariado triunfante, del nuevo estado proletario [,] se está hablando marxistamente, pero cuando se dice a secas nacionalización, se está hablando con el lenguaje de todos los reformistas y embaucadores de la clase obrera. Toda la pequeña burguesía está de acuerdo con la nacionalización de las industrias que les hacen competencias y hasta los laboristas ingleses y los conservadores, sus aliados [,] discuten sobre la «nacionalización de las minas». En Alemania, en Francia, y en los Estados Unidos hay industrias nacionalizadas... Sin embargo, no se puede afirmar que Coolidge o Hindenburg sean marxistas.

La cuestión de la «Internacionalización» del Canal de Panamá. No solamente el lema es oscuro, sino hasta peligroso. Todos sabemos lo que se entiende por internacionalización en Europa y en América en materias como esta. Internacionalización, como la de Tánger, por ejemplo, es poner en manos de varias naciones imperialistas un punto estratégico que no conviene posea una sola. No hay idea más popular en Inglaterra que la Internacionalización del Canal de Panamá, es decir [,] la idea de ponerlo bajo el control de otras naciones, además de los Estados Unidos. Un imperialista inglés suscribiría el programa del ARPA en este punto y un revolucionario de este Continente no vería en él más que una palabra vacía sin sentido.

La organización del camuflaje

En la guerra europea se hizo popular la palabra camuflaje. Significa el disfraz que se hacía de las armas y de los lugares para engañar al enemigo. Los maestros en el arte del camuflaje son los arpistas. Pero no solamente engañan al enemigo, sino a ellos mismos. No llegan (cálculo exacto y desapasionado) a tres docenas de personas [,] en su casi totalidad estudiantes y poetas. Pero son capaces de afirmar en las entrevistas con los ministros de Gobierno que «tienen 60 000 afiliados». En la prensa se autosugestionan y hablan, con una seriedad que causa espanto por lo cínica, de células, centrales y comités en este o aquel país.

Han pretendido copiar en la forma y en las palabras la organización de la Internacional Comunista, como si por ponerse para sus reuniones el overol de mezclilla ya fueran proletarios y dejaran de ser intelectuales divorciados de la masa obrera.

«El Comité Ejecutivo ha residido en Londres». Si un hombre es un comité y ese es Haya de la Torre oyendo lecturas fabianas y conversando con Bertrand Russell, el ARPA tiene razón. «En París hay una célula bastante numerosa de estudiantes y obreros». Si unos diez artistas de instrumentos musicales peruanos son «una célula bastante numerosa», también tienen razón los arpistas. Sobre lo que tiene [n] en la América, que respondan los que en América viven, inclusive, los revolucionarios sinceros del Perú, estudiantes y obreros. Ellos dirán dónde está ese «formidable partido revolucionario». Hace meses que acompañamos a Diógenes, quien ha decidido buscar el ARPA porque en ella está su «hombre». Y el ARPA no aparece como no sea en las conferencias que paga la Secretaría de Educación, para solaz y cultura de los estudiantes mexicanos, a la vez que para realizar una «campañita» velada y contraria a Vasconcelos con el fin de arrojarlo de su puesto de «Maestro de la juventud»... intelectual... budista...

La masa proletaria y revolucionaria del Continente no ha gustado o no ha oído a los noveles tañedores del ARPA [,] a los Orfeos antiimperialistas. Tiene ya su música: *La Internacional*.

¿Qué es el frente único para los socialistas marxistas?

Otro de los lemas del ARPA es ser el «frente único contra el imperialismo», y esto desde el punto de vista marxista, para ellos el frente único es la «unión de los obreros, campesinos y estudiantes, contra el imperialismo yanqui, por la unidad política de América Latina, para la realización de la Justicia Social»; como siempre la fórmula es ambigua, oscura y susceptible de varias interpretaciones, para que acomode a todos y muy especialmente a los pequeños burgueses, a los cuales llaman con una serie de nombres ambiguos: «productores», «clases medias», «trabajadores intelectuales», etc. Estos pequeños burgueses son la base del programa del ARPA y los sostenes de su ideología. Lenin nos enseñó en la tesis sobre el imperialismo (Segundo Congreso de la Internacional Comunista) qué es el *frente único*, qué son las alianzas y fusiones del proletariado con las demás clases. Como vamos a ver, el concepto marxista y leninista de *frente único* no tiene nada que ver con la fanfarria arpista sobre esta materia.

En toda la fraseología sobre el *frente único contra el imperialismo* no hay nada *concreto sobre el papel específico de las clases dentro de ese frente único.*

Y sin embargo, ¡pretenden ser marxistas y leninistas! Presentar en abstracto el problema de la igualdad de las clases, aun en los países semicoloniales, es cosa propia de la «democracia burguesa», la cual, bajo el problema de la igualdad con el proletariado en general [,] proclama la igualdad jurídica o formal del proletariado con el proletariado, del explotador con el explotado, engañando a las clases oprimidas (Tesis de Lenin al II Congreso de la I.C.). Por ninguna parte aparece el principio fundamental en la lucha social: la *hegemonía del proletariado* y la aplicación de su *dictadura* para la realización del socialismo. Esto, que es aceptado aunque teóricamente hasta por los partidos de la Segunda Internacional, se considera demasiado revolucionario, demasiado «comunista» y un tanto inoportuno por sus nuevos ideólogos en la América Latina. Hablar de la dictadura del proletariado es «aparecer como agente de Moscú», esto es el mismo argumento de los capitalistas y reaccionarios en general, inclusive Mr. Kellog...

He aquí ahora lo que la «Tesis sobre las nacionalidades» [,] aprobada y divulgada por todo el mundo (todo el mundo proletario y revolucionario) [,] nos enseña sobre la cuestión del frente único en los países coloniales y semicoloniales. Veamos si es posible aplicarlo, si se ha aplicado ya en América o no. Consideremos cuánta razón hay en la acusación de que «el comunismo es exótico y original en la América Latina».

El imperialismo es un fenómeno internacional y sus características fundamentales (*El imperialismo, última etapa del capitalismo*, N. Lenin[7]) son iguales en América y en el Asia.

Los pueblos coloniales también presentan rasgos semejantes en Asia y en América. Los restos de las sociedades bárbaras y feudales en los países coloniales son modificados de manera muy semejante por la penetración del capitalismo imperialista, ora sea el inglés, el yanqui o el francés. Luego la aplicación de táctica ha de diferir en los detalles y en la oportunidad histórica. Pero las generalidades (papel de clases, base del frente único, desarrollo del imperialismo y del proletariado, etcétera) son invariables a la luz del marxismo y de su adaptación a la época moderna del imperialismo: el leninismo. Para decir que el marxismo, y por lo tanto, el Partido Comunista, o sea [,] la organización que lucha para su realización, es exótico en América, hay que probar que aquí no existe proletariado; que no hay imperialismo con las características enunciadas por todos los marxistas; que las fuerzas de producción en América son distintas a las de Asia y Europa, etc. Pero América no es un continente de Júpiter sino de la Tierra. Y es una cosa elemental para todos los que se dicen marxistas —como los del «partido revolucionario continental antiimperialista»— que la aplicación de sus principios es universal, puesto que la sociedad imperialista es también universal.[8] Así lo han comprendido los obreros de América cuando, mucho antes de que se escribiera el nombre de ARPA, habían fundado grandes partidos proletarios (socialistas, comunistas, laboristas, etcétera) basados en la aplicación del marxismo en América.

Los comunistas ayudarán, han ayudado hasta ahora —México, Nicaragua, etc.— a los movimientos nacionales de emancipación aunque tengan una base burguesa democrática. Nadie niega esta necesidad, a condición de que sean verdaderamente emancipadores y revolucionarios. Pero he aquí lo que continúa aconsejando la tesis de Lenin al Segundo Congreso de la Internacional:

> La Internacional Comunista debe apoyar los movimientos nacionales de liberación [aunque tengan una base, como todos la tienen, democrático burguesa. *(N. del A.)*] en los países atrasados y en las colonias solamente bajo la condición de que los elementos de los futuros partidos proletarios, comunistas no solo de nombre, se agrupen y se eduquen en la conciencia de sus propias tareas disímiles, tareas de lucha contra los movimientos democráticos burgueses dentro de sus naciones. La I.C. debe marchar en alianza temporal con

la democracia burguesa de las colonias y de los países atrasados, pero sin fusionarse con ella y salvaguardando expresamente la independencia del movimiento proletario, aun en lo más rudimentario.

He aquí bien clara la opinión marxista sobre el frente único, dicha por el más exacto y práctico de los intérpretes de Carlos Marx: Nicolás Lenin. Todavía los arpistas no han probado que ellos lo interpretan mejor, aunque quieran hacérnoslo creer.

Esto no es solo «teoría» sino que lo hemos vivido en América. El Partido Comunista en México ha estado apoyando la lucha de la burguesía liberal, democrática y revolucionaria, contra el imperialismo y sus aliados nacionales: el clero católico y los militares reaccionarios, profesionales de la revuelta. Igual cosa han estado haciendo los comunistas en el «caso de Nicaragua». Los comunistas de Cuba, sin fusionarse con el Partido Nacionalista, guardando la independencia del movimiento proletario [,] lo apoyarían en una lucha revolucionaria por la emancipación nacional verdadera, si tal lucha se lleva a cabo. En la lucha contra la «Prórroga de Poderes», aspecto político inmediato del imperialismo yanqui, han apoyado a todos los «antiprorroguistas», aunque no fueren obreros ni comunistas. En Chile fue el fuerte Partido Comunista el que luchó por un frente único contra la dictadura imperialista de Ibáñez. Pero en ningún momento han pretendido dejar a la clase obrera aislada o entregada a las otras clases para [que] cuando las condiciones cambien —como ahora está sucediendo en México—, se encuentre huérfana y sin dirección. Tal cosa pretende en la realidad el «Frente Único» del ARPA al no hablarnos concretamente del papel del proletariado y al presentarnos un frente único abstracto, que no es más que el frente único en favor de la burguesía, traidora clásica de todos los movimientos nacionales de verdadera emancipación.

«Los movimientos nacionales liberadores de las colonias y de las nacionalidades oprimidas, se están convenciendo por su experiencia amarga de que no hay para ellos salvación fuera de la victoria del poder soviético».[9]

En otros términos: *el triunfo en cada país de la revolución obrera sobre el imperialismo mundial.*

Las traiciones de las burguesías y pequeñas burguesías nacionales tienen una causa que ya todo el proletariado comprende. Ellas no luchan contra el imperialismo extranjero para abolir la propiedad privada, sino para defender su propiedad frente al robo que de ellas pretenden hacer los imperialistas.

En su lucha contra el imperialismo —el ladrón extranjero— las burguesías —los ladrones nacionales— se unen al proletariado, buena carne de cañón. Pero acaban por comprender que es mejor hacer alianza con el imperialismo, que al fin y al cabo persiguen un interés semejante. De progresistas se convierten en reaccionarios. Las concesiones que hacían al proletariado para tenerlo a su lado, las traicionan cuando este, en su avance, se convierte en un peligro tanto para el ladrón extranjero como para el nacional. De aquí la gritería contra el comunismo.

Por otro lado, los Estados Unidos —es una característica del moderno imperialismo con el carácter de financiero— no desean tomar los territorios de la América Latina y exterminar toda la propiedad de las clases dominantes, sino alquilarlas a su servicio y hasta mejorarlas con tal de que les den la explotación de lo que ellos necesitan. Un buen país burgués con un gobierno estable, es lo que los Estados Unidos quieren en cada nación de América, un régimen donde las burguesías nacionales sean accionistas menores de las grandes compañías. En cambio, les conceden el privilegio de «gobernar», de tener himnos, banderas y hasta ejércitos. Les resulta más económica esta forma de dominio.

Moncada en Nicaragua, el Kuo Min Tang en China (organización que los arpistas pretenden copiar), la nueva política de la pequeña burguesía mexicana y toda la diplomacia rosada hecha en la Conferencia de la Habana por muchas naciones que se dicen libres y que allí pactaron con el imperialismo, al final de las discusiones, demuestran que sí es cierto lo anterior.[10]

Para hablar concretamente: liberación nacional absoluta, sólo la obtendrá el proletariado, y será por medio de la revolución obrera.

Trabajadores «manuales e intelectuales» o hegemonía del proletariado

Otros de los lemas, viejos ya entre la pequeña burguesía europea y que los arpistas agitan como banderola de enganche, es el de usar a los «trabajadores manuales e intelectuales» como una base social para la lucha que ellos llaman marxistas y «comunistas sin el nombre»[11] (!). Todo el mundo sabe que los «trabajadores intelectuales» considerados en conjunto, como el ARPA quiere, no son revolucionarios, ni antiimperialistas, ni proletarios, sino pequeños y grandes burgueses, casi siempre aliados del capitalismo nacional reaccionario o instrumentos y servidores del imperialismo. Veamos esto en la práctica. Los *abogados*: son trabajadores (?) intelectuales —hay algunos en el ARPA— y tomados en conjunto, en toda América, representan el papel de criados legales del imperialismo. Los *escritores*: por una media docena de hombres honrados[12] hay una legión de los Lugones, Chocano, Moheno, etc. Los *profesores*: por cada dos profesores revolucionarios, antiimperialistas —no ya marxistas ni comunistas— hay mil reaccionarios fosilizados, representantes de la ideología feudal. Quedan los *estudiantes*: son los más revolucionarios dentro de los «trabajadores intelectuales». Pero todos estarán conformes en que no pertenecen a la clase obrera y en que su revolucionarismo puede calcularse en un tanto por ciento ínfimo, que disminuye mucho al recibirse el título y al comenzar la lucha por el «pan burgués», único pan que una inmensa mayoría llega a aceptar.

Afirmar, que los «trabajadores intelectuales» son, en conjunto, una base para la revolución, es entregar el movimiento en manos de los charlatanes y políticos profesionales, maquiavelos de la traición revolucionaria. Sin embargo, los comunistas no están contra los verdaderos trabajadores intelectuales, a quienes consideran, en su inmensa mayoría, unos explotados. Pero la historia de los partidos socialistas y comunistas, así como la de la Revolución Rusa, indican que a los «trabajadores intelectuales» les gusta más una limosna de la burguesía capitalista que ir a las filas de los revolucionarios. Por cada miembro intelectual en un partido u organización proletaria, hay un enorme porcentaje de «obreros manuales».

Otro error, derivado al parecer del anterior, son los gritos sobre el papel de la juventud, en abstracto, como si la lucha social fuese fundamentalmente una cuestión de glándulas, canas y arrugas, y no de imperativos económicos y de fuerza de las clases, totalmente consideradas. La única revolución socialista triunfante hasta hoy en día, no ha sido una revolución de jóvenes y estudiantes, sino —a menos que el ARPA demuestre lo contrario— de obreros y de todas las edades. El movimiento obrero revolucionario de México, el más importante de todos los habidos en este país, ha sido organizado y continúa progresando bajo la dirección de «obreros manuales». Igualmente en el resto del mundo. Esto no implica, lo repetimos, que no se desmembren de «sus clases» muchos intelectuales, ni que muchos obreros no lleguen a saber tanto o más que los oficialmente llamados «intelectuales». Pero visto el asunto desde las perspectivas de las fuerzas sociales y del papel de las clases, los intelectuales, en conjunto, son *reaccionarios*.

No se niega el valor de la agitación, entre los «jóvenes», su «destino manifiesto», su «importancia», etc., como un buen medio para adquirir partidarios temporales entre los que están en la edad de soñar con ser Napoleones o Mussolinis o algo así. Mas [,] como cuestión seria de principios revolucionarios, la cuestión de la «juventud y su papel» no es más que literatura de la cual los obreros se ríen al ver tantos buenos conductores que se aprestan a realizar «su salvación», cobrando un buen precio por el trabajo de conductores máximos.

El «populismo» americano

Es curioso hacer resaltar cómo las mismas condiciones económicas han creado en la América una ideología similar a la creada en Rusia, de la cual eran representativos los «populistas» tan atacados por todo el socialismo marxista.

La no existencia de un fuerte y gran proletariado en el Perú, lugar donde surge la ideología del ARPA, hace a los arpistas desestimar el valor del obrero, dudar de su papel y hasta no comprender que está surgiendo diariamente y tomando el papel hegemónico en la lucha contra el imperialismo y contra la reacción nacional, representativa del anterior.[13] Los arpistas son *indoamericanistas*. Esto no es errado como ellos lo presentan. Dicen que en América la mayoría son indios o mestizos y que es «de justicia» que nos llamemos *indoamericanos*. Está bien; aceptamos este bautizo. Pero aquí caen en algo que combaten con las palabras: la base racial para el movimiento antiimperialista. Critican, con mucha razón, a los que hablan de conflictos entre sajones y latinos como fundamento del imperialismo. Pero, a renglón seguido, presentan al indio como algo fundamental, por ser indio, para la lucha antiimperialista y por el socialismo. Porque son más, infieren que los indios han de ser los de la hegemonía en la lucha. Porque algunos viven todavía en un estado de «comunismo primitivo», nos hablan del «comunismo incaico autóctono» y de tomar como base para el movimiento comunista a las comunidades de indios, en un estado todavía bárbaro, sociológicamente hablando.[14]

Olvidan que la penetración del imperialismo termina con el *problema de raza* en su concepción clásica al convertir a los indios, mestizos, blancos y negros en *obreros*, es decir, al dar una base económica y no racial al problema.

La experiencia ha probado que el campesino —el *indio* en América— es eminentemente individualista y su aspiración suprema no es el socialismo, sino la propiedad privada, error de[l] que solamente el obrero puede libertarlo por la alianza que el Partido Comunista establece entre estas dos clases.

Las revoluciones de México, Rusia y China han demostrado esto hasta la saciedad. (Solamente el 1% de la producción agrícola tiene base socialista en la URSS).[15] En México, contra el ejido comunal triunfa el ejido parcelado. Este mismo concepto era el sostenido por los «populistas» en Rusia, al querer *saltar el capitalismo* [,] olvidar sus consecuencias y revoluciones, e irse a la sociedad comunista tomando por base el *mir* o comuna agraria primitiva. Los chinos fundadores del Kuo Ming Tang tenían una concepción similar. Véase lo que de unos y otros decía Lenin:

> El populismo es un sistema de concepciones que se distinguen por los tres puntos siguientes: 1ro. Apreciación del capitalismo en Rusia como un fenómeno de decadencia, de regresión. [Los que combaten al imperialismo sentimentalmente o los que para atacarlo no ven quién es su único suce-

sor —el proletariado— sino que hacen críticas románticas sobre los perjuicios de la penetración imperialista al romper las relaciones anteriores, en nuestros países, matando a la pequeña burguesía y las relaciones campesinas, son prácticamente, los contagiados por este primer principio reaccionario en nuestro continente]. 2do. Proclamación de la originalidad del régimen económico de Rusia en general, y del campesino con su comuna, su artel en particular. [Cuando los arpistas nos hablan del *autóctono régimen del comunismo incaico*, nos dan conferencias para explicarnos con admiración el sistema primitivo glorificándolo, y sueñan con las grandes posibilidades de iniciar «luego luego» la Revolución proletaria en el Perú porque allí existe ese indio con sus comunas primitivas, están aplicando el mismo criterio anticientífico y reaccionario que los populistas rusos aplicaban a Rusia. No de otra manera pensaban aquellos; ir al socialismo utilizando los restos del comunismo primitivo. Nadie se ha de extrañar porque estos señores hayan adoptado hasta un nombre similar: Voluntad Popular se llamaba la organización de los rusos y la de los *indoamericanos*, Alianza Popular. Ellos ven esa metafísica política que es el término pueblo; pero ignoran la realidad: clases, obreros, campesinos, etcétera]. 3ro. Desconocimiento de la dependencia de los intelectuales y de las instituciones jurídicas y políticas, de los intereses materiales de ciertas clases sociales. La negación de esta dependencia, la ausencia de una explicación materialista de estos factores sociales, les obligan a ver una fuerza capaz de empujar la historia en otra dirección [,] de hacerla desviar.[16]

Si Lenin hubiera conocido a los arpistas hubiese escrito párrafos especiales para ellos. Con toda seguridad los habría llamado «caricaturas» tropicales de los «populistas». Nadie más que los arpistas desconoce en hechos la dependencia de los intelectuales respecto de ciertas clases y grupos sociales. En los bombos que se escriben recíprocamente en las revistas provinciales del continente se presentan siempre como intelectuales pero no como intelectuales al servicio de esta o aquella fuerza social sino como nuevos profetas bíblicos que no interpretan más que una voz: la de Jehová [,] o sea, el nuevo Espíritu Santo Arpiano.

La exposición constante de sus títulos de universidades burguesas, de las palabras amables que los intelectuales han dejado escapar en algún momento sobre el valor de cualquiera de ellos; su gusto por ser eternos estudiantes y andar por los ateneos y escuelas y no por los sindicatos y talleres, demuestra que para ellos el ser «intelectual» (y esto ¿qué es?) constituye el ideal máximo de la vida.

De esta falta de criterio materialista para apreciar a los individuos y a los fenómenos sociales, surge en los populistas tropicales, el mismo sueño de empujar la historia en la dirección que place a sus quimeras.[17]

Comunismo leninista o arpismo ingenuo

Es momento ya de definirnos y de decir si estamos con el leninismo, si podemos aplicarlo en América, o si, por el contrario, al ser inaplicable, el ARPA nos trae algo nuevo y práctico para realizar lo que dice que desea y que nosotros también deseamos: la emancipación nacional, la destrucción del imperialismo y la implantación del socialismo para establecer la sociedad comunista.

Los principios básicos del arpismo, ya enunciados, están contra el marxismo, pero no los combatimos dogmáticamente porque son antimarxistas, anticomunistas, antileninistas, sino porque —lo hemos probado— están contra la realidad americana, son impracticables y reaccionarios, utópicos. Es un error creer que toda utopía es una visión imperfecta del porvenir. Las hay, como la presente, que son «un espejismo falso del pasado».

Ya hemos visto cómo de las doctrinas comunistas han existido aplicaciones prácticas en nuestro continente. Vemos, igualmente, cómo la ley social que prescribe la creación del proletariado por el mismo capitalismo no encuentra una excepción, sí una absoluta confirmación, en América. No solamente se crea el proletariado, sino que la histórica lucha entre las clases antagónicas se lleva a cabo en América lo mismo que en Europa: insurrecciones proletarias de Buenos Aires y Chile; huelga petrolera de Colombia; masacre de inquilinos en Panamá; huelgas revolucionarias de Puerto Rico y Cuba en la industria azucarera; movimiento proletario de México, etc. Los más activos luchadores contra el imperialismo son los obreros. Recuérdese el caso Sacco y Vanzetti y la actitud de los sindicatos y partidos revolucionarios del proletariado. No es una simple casualidad el que Sandino sea un obrero manual. Tampoco hay nada que indique la necesidad de tener una fe ciega en las pequeñas burguesías del continente. No son más fieles a la causa de la emancipación nacional definitiva que sus compañeros de clase en China u otro país colonial. Ellas abandonan al proletariado y se pasan al imperialismo antes de la batalla final. Los indicios alarmantes de la nueva política mexicana y la traición de Moncada, el liberal nicaragüense, son dos ejemplos entre muchos.

El hecho de que el proletariado constituyese autóctonamente sus partidos de clase desde muy temprano, es una consecuencia lógica de todo lo anterior. Únicamente un influenciado por la ideología burguesa podría acusar a los «bolcheviques rusos» de la existencia de las organizaciones obreras en América.

Si todo lo anterior es cierto, ¿a qué viene el ARPA? Si dice ser marxista, ¿a qué viene? Y si no lo es, ¿a qué viene también? Viene a combatir el leninismo, el comunismo, el verdadero socialismo; a luchar contra los obreros conscientes y contra sus organizaciones; a intentar neutralizar la acción de los verdaderos revolucionarios que han comprendido la lucha en su aspecto de acción internacional contra el imperialismo mundial capitalista, y no en el de la gritería pequeñoburguesa y patriotera latinoamericanista de los arpistas.

Ahora no extrañará que se defienda solapadamente el imperialismo inglés en las conferencias arpianas de la Universidad de México, ni que se proclame a Borah, el farsante del Senado yanqui que pidió la muerte de Sacco y Vanzetti, «un gran amigo» de la América oprimida.[18]

Finalmente, estamos con el leninismo, es decir, con el comunismo, porque el proletariado ha seguido ya esta ruta y los hechos confirman la necesidad de aplicar la doctrina comunista a cada uno de los fenómenos sociales de América. Estamos contra el arpismo, por ingenuo, por difuso, por divorciado de la masa y de la realidad, por sus relaciones sospechosas con elementos reaccionarios mexicanos, por sus peligrosas vaciedades sobre la política inglesa, por su carencia de sentido y de base proletaria en la doctrina y en sus representativos.

¿Es revolucionaria el ARPA? ¿Y sus hombres?

Un arpista honrado e ingenuo se sentiría ofendido por este lenguaje. Llegaría a lanzar sobre nosotros la acusación de sectarios y mentirosos.

¿No somos —dicen los arpistas ingenuos y honrados— comunistas de hecho, aunque no nos llamemos así «por táctica»? ¿Acaso no hablamos bien, hasta con urbanidad, de la Revolución

Rusa? ¿No queremos establecer el socialismo en toda la América, inclusive en el polo austral, ya que no es justo que el ARPA olvide esta parte de «Nuestra América»? ¿No queremos ser los redentores del proletariado? ¿No hay en cada uno de nosotros deseos suficientes para ser un nuevo Lenin, o algo más, un Lenin autóctono, por ejemplo, con las patillas y el uniforme del Libertador Bolívar?

Sí. Le damos razón al honrado arpista —que lo es por ser ingenuo y saber de la filosofía revolucionaria tanto como un policía sabe de las teorías de Carlos Marx. Su único error —el del honrado e ingenuo arpista— es ese: ser ingenuo. De otra manera no se puede caer honradamente en el arpismo.

Como todos los utopistas o ignorantes, los ingenuos arpistas, los que lo son honradamente, se imaginan que las cosas son como ellos quieren, como las ven y como las planean. Filosóficamente clasificados, son libre-albedristas, aunque, en palabra, teóricamente, afirman lo contrario. En los hechos, en la manera de actuar, no creen ni cuentan para nada con el determinismo. De aquí que tengamos razón en tratarlos como los tratamos.

Pruebas van. El arpista se dice comunista, pero no se llama así por táctica. Nunca llega a concretar qué táctica es esa. Pero lo cierto es que *todo movimiento revolucionario si lo es de veras, no importa su base, es calificado de «comunista»*. ¿Por qué es esto? Porque los comunistas son por excelencia los revolucionarios del momento. Y algo más: todo movimiento revolucionario [,] aunque no lo quieran sus directores —simples liberales— [,] es un paso hacia el comunismo, es decir, hacia la emancipación total de las clases oprimidas. Por esto es que para los imperialistas yanquis, Calles, el nacionalista de la clase media, es un bolchevique. Igualmente Obregón. También Sacasa era «comunista», porque luchaba activamente contra el imperialismo, aunque tenía tantas simpatías por el comunismo como Mr. Morgan [,] el banquero, hecha, ¡claro está!, la diferencia entre la fortuna del médico nicaragüense revolucionario y el del bandido imperialista de Wall Street. Si el Arpa luchase activa y eficazmente contra el imperialismo, no «con nuevos métodos y tácticas serias», como nos anunció hace poco un periódico burgués, sería calificada de comunista también, aunque sus miembros atacasen privadamente más a los rojos que un toro al salir a la plaza. El no llamarse comunista por *táctica* para que les sea útil no puede tener más que un *corolario*: no actuar nunca como comunista y no tan solo esto, sino hasta *contra* los comunistas. Como hacen ciertos líderes obreros reaccionarios, al inventar mentiras y proferir insultos ridículos contra los que no piensan como ellos, para probar así a los líderes obreros yanquis que no son comunistas. Pero si así van a hacer, entonces el mimetismo no es táctica, sino traición. Veremos en un futuro muy cercano que los arpistas se declararán abierta y duramente contra el comunismo, como ya lo hacen en privado.[19]

Sus opiniones sobre el comunismo están condensadas en esta frase de crítica simplista: «Todos los líderes comunistas deben, como Recabarren» —el líder comunista chileno— «suicidarse para hacer de sus nombres y cadáveres un emblema». Lanzada esta frase por el líder Haya de la Torre [,] se ha hecho popular entre ellos. El arpista ingenuo, que hemos tomado por hipótesis, ya que suponemos que no existe, deberá comprender que del deseo de que se suiciden todos los comunistas, al deseo de matarlos no hay más que un paso. Si mañana los arpistas, apoyados por las burguesías traidoras y algún imperialista europeo, ocupasen en algún lugar el poder —aunque sea en un pedazo de selva— [,] su primer decreto no sería la socialización de los medios de producción en la selva, sino la matanza de los comunistas o el hacerlos aparecer «suicidados» como hace Machado en Cuba, «floreando» los árboles de «obreros suicidas».

El ARPA no encuentra argumentos propios para combatir el comunismo organizado, sino que repite los mismos de la burguesía. No solo ve, estúpidamente, un ruso en cada comunista, sino que ve también un *subvencionado por el oro de Moscú*. Esto se explica. Como la propaganda que en México se ha iniciado es pagada por las conferencias que han dado —y que le cuestan a la Secretaría de Educación la cantidad de $300.00 mientras muchos maestros mexicanos y revolucionarios no cobran su salario — y por las facilidades oficiales que tienen en lo que a imprenta se refiere, deducen que toda la propaganda comunista no puede ser más que *oro de Moscú*, ya que sus hombres, por vivir de presupuestos nacionales, desconocen lo que es el sacrificio del obrero para luchar y hacer su propaganda.

Quienes han viajado con los fondos de la policía guatemalteca, haciéndose aparecer expulsados del país, después de haber obtenido carta periodística de recomendación para que facilitaran un pasaje a México (como todo el proletariado y los estudiantes de Guatemala conocen que hizo un cierto poeta arpista cuyo nombre silenciamos por sus valiosos esfuerzos para hacer versos vanguardistas de sabor proletario que todavía no han entendido más que los «trabajadores intelectuales») [,] estos caballeros tampoco se imaginan lo que es la lucha de los revolucionarios sinceros, a pesar del hambre y de las miserias. De aquí que juzgándose a sí mismos, se apliquen el dicho popular, exacto y lleno de color real en este caso, de que el ladrón juzga a todo el mundo de su condición.

Sin embargo, dormimos tranquilos. El ARPA, según se intensifique la clarificación de las fuerzas sociales, se convertirá más y más, en una organización reaccionaria, si es que de veras llega a surgir, y, cuando los obreros y campesinos hagan su revolución, serán *humanos*: tomarán a los líderes del ARPA y les harán lo que los proletarios rusos hicieron a los líderes de su pequeña burguesía, principalmente Kerensky, al cual parece que pretenden imitar en métodos oratorios teatrales e ideología confusa.

Hablar bien de Rusia no dice ni compromete a nada. Un «buen» capitalista que se acoja a las leyes soviéticas y que se beneficie con una de las concesiones de la NEP (Nueva Política Económica) puede hablar tan bien de Rusia como un arpista. En lo que se diferencia [n] los que *hablan bien* de la primera Revolución triunfante del proletariado y del primer país socialista, y los que de veras comprenden su valor [,] es en esto: en la aplicación de las conquistas socialistas en todos los países. Mientras que para los capitalistas e intelectuales reaccionarios el socialismo está bien en la URSS, aquí —cualquier país— no puede haber nada más que lo que hay: dominación del imperialismo y de la burguesía. Para que creamos en la sinceridad de los simpatizadores de la primera revolución socialista de los obreros, hay que decir como Manuel Ugarte dijo en Moscú: «Traemos aquí nuestra esperanza (...) y estamos dispuestos a generalizar en nuestras tierras los resultados adquiridos durante esta experiencia que es la más extraordinaria y fecunda que ha conocido la humanidad».

Esto se llama simpatizar con la revolución proletaria: lo otro es diletantismo u oportunismo para ganar simpatías entre los obreros honrados que simpatizan de veras.

Por olvidar las realidades es que el ARPA se convierte en reaccionaria. Por atacar a los comunistas ocupa el mismo lugar que los Kellogs y los déspotas de América. Es posible que esto no les parezca correcto a los arpistas. Pero en realidad esa es la posición. A eso los empuja el determinismo todo de la circunstancia y de las fuerzas históricas que actúan en este momento de la humanidad, donde un solo país con Gobierno Obrero y dos instituciones internacionales están empeñados seriamente en hacer la Revolución mundial: la Internacional Comunista y la Liga Internacional Antiimperialista, fundada en Bruselas.

Otra de las formas del ARPA para atacar a los partidos comunistas veladamente, que es la única manera [en] que hasta hoy se han atrevido, es su lema —caricatura del postulado marxista que dice: «La emancipación de los trabajadores ha de ser obra de los trabajadores mismos».

Ellos haciendo una caricatura del marxismo, que es lo único que han hecho con genialidad, dicen: «La emancipación de los latinoamericanos ha de ser obra de los latinoamericanos mismos».

En primer término, parece que desean decir, como dicen todos los enemigos de la clase trabajadora, que los comunistas no son latinoamericanos. Aunque les pese a los arpistas, ellos saben muy bien que sí son los latinoamericanos y nacionales los miembros y directores de todos los partidos comunistas de la América. Si se refieren a los métodos, ya se explicó que los únicos intérpretes del verdadero socialismo marxista son los partidos comunistas, a pesar de los errores que pueden haber cometido. Que la sede de la Internacional Comunista —una organización de todos los partidos comunistas del mundo y no del partido ruso solamente— se encuentra en Moscú, es cosa clara: no la permitirían en ningún otro país. Pero lo mismo podía estar en Lima, si los arpistas ya hubieran hecho allí la revolución socialista. No repetiremos las frases de Lenin en que se demuestra bien claro el papel de la URSS en la lucha internacional por la revolución proletaria. Pero si no creemos que la URSS es un baluarte para la revolución mundial y la lucha contra el imperialismo, estamos demostrando nuestra ignorancia de la realidad histórica, ya que un pueblo de 143 millones de antiimperialistas, no puede ser olvidado. No deseamos caer, como cae el ARPA, en la misma argumentación de los traidores y de los imperialistas. Para la burguesía será grato el grito de arpista de: «La emancipación de los latinoamericanos... etc.». Mas para el proletariado ha sido grato hace ya muchos lustros en la misma América Latina este otro grito: «La emancipación de los trabajadores ha de ser obra de los trabajadores mismos». Él bien sabe que no ha de ser obra de los «intelectuales redentores», sino de su propia organización y de su lucha en las calles y en las fábricas.

El ARPA embrionaria como divisionista del movimiento antiimperialista

Todavía el ARPA no tañía muy alto, no había nacido —hoy es un sietemesino— cuando daba sus primeros pasos divisionistas, antirrevolucionarios y arbitrarios. Su representante máximo no quiso asistir al Congreso de Bruselas *porque se habían olvidado de hacerle una invitación especial, personal*. Verdaderamente fue un crimen imperdonable de los organizadores del Congreso (luchadores proletarios y socialistas de Europa, unidos a revolucionarios nacionalistas de China y de la India) no haber oído hablar antes del ARPA y de su líder máximo: el *descubridor* de que el imperialismo era un fenómeno económico (?). Nadie había sabido esto antes y los revolucionarios que convocaban en amigable frente único al Congreso Mundial Antiimperialista se iban a perder tan valiosa cooperación que hubiera sido muy útil para resolver la Revolución China y la Revolución India. Cuando llegaron los delegados latinoamericanos a Bruselas, pidieron por «cortesía» revolucionaria que se invitase al disgustado «líder» del ARPA. Para que no hubiese motivo de no asistencia, se rogó a la Mesa Directiva que enviase a Oxford suficientes libras esterlinas, para que se pudiese tomar un buen vapor, etc. Y así mediante esa invitación personal y ese dinero que, según los reaccionarios, era «oro de Moscú», el ARPA estuvo representada en Bruselas. Pero esto no tiene importancia política. El hecho real fue que el ARPA o sus dos miembros allí representantes, fueron a realizar una labor divisionista. En vez de aceptar la organización internacional para presentar un frente unido y único de lucha contra el imperialismo internacional, al lado de los europeos, de los chinos, los hindúes y otros, después de asistir a una sola sesión se retiraron y dijeron que firmaban con *reservas* que explicarían. Estas reservas nunca se han explicado. Pero los que allí estábamos sí sabemos cuáles eran sus reservas, que no se han atrevido a hacer públicas. En primer lugar, el Congreso de Bruselas no quiso reconocer el ARPA como la *única* organización antiimperialista de la América Latina, pues conocía muy bien que no existía como tal organización. Tampoco se le dieron puestos de *figura* a los líderes arpistas, ya que estos fueron para los que en realidad representaban a movimientos de masas, como el Kuo Ming Tang, el Congreso de la India, la CROM de México, etc., etc. Allí no valían las personas sino las multitudes.

He aquí la razón por la cual el ARPA no acepta la unidad mundial antiimperialista, no pertenece al Congreso de Bruselas y pretende ahora crear en la América Latina un organismo contrario a esta organización internacional. El mal del caudillaje no ha desaparecido en nuestra América todavía. Esto está claro cuando se ve que la base social de los *nuevos libertadores* no es proletaria, sino muy semejante a la de los viejos caudillos.

Que estas eran las «reservas» del ARPA lo comprueba su actitud posterior, no ya las declaraciones personales de sus miembros. Pretendieron engañar a la América haciendo circular un documento apócrifo que dijeron resolución de un supuesto Congreso Mundial Antiimperialista en Colonia. Como esta actitud ha sido calificada por Gibarti, el secretario del Congreso de Bruselas —el único Congreso realizado— [,] y en representación de los delegados de 44 pueblos, le cedemos la palabra:

> Hemos recibido la carta de ustedes del 23 de mayo relativa a la resolución de la APRA y me complazco en comunicarles las precisiones siguientes sobre el mismo asunto:
> 1. Ningún Congreso antiimperialista se ha reunido jamás en Colonia. La Liga contra el Imperialismo, sección de Alemania Occidental, invitó [a] algunos delegados del Congreso de Bruselas para que viniesen a dar sus opiniones sobre el Congreso Antiimperialista de Bruselas y sobre la Liga Internacional [,] fundada definitivamente en esta ocasión (Bruselas) ante los miembros de la organización alemana.
> 2. Un delegado de la APRA sometió su resolución que no es idéntica a la que ha sido comunicada a la revista de Cuba. Esta resolución ha sido revisada de nuevo en favor de la APRA. *La resolución original no se refiere de ningún modo a esta organización.*
> 3. No me acuerdo exactamente, pero me parece que la resolución de Colonia no fue firmada por los presentes en la reunión. Las firmas presentadas contienen graves errores sobre las funciones de los individuos enumerados como líderes responsables de esa «conferencia». Yo no presidí esa asamblea. Fue el profesor Resch, el secretario de la Liga contra el Imperialismo en Alemania Occidental. El camarada Ventadour habló en calidad de secretario de la Liga Francesa contra la Opresión Colonial. No era un

delegado francés, puesto que no tenía ningún mandato ante esa «conferencia» porque la sección francesa no fue informada de esta reunión de poca importancia. Era natural, por lo tanto, que el camarada Ventadour [,] como también los otros camaradas, no tuvieran en su posición credenciales especiales. La Guma —en camino de Bruselas a Berlín— aprovechó la ocasión para hablar a los miembros de la Liga de Colonia.

4. *En vista de las circunstancias, los documentos transmitidos no constituyen sino una falsificación y una tentativa ridícula para perjudicar nuestra organización en Cuba. Dirigimos una carta oficial al camarada Mella, del Comité Continental Organizador, autorizándolo para desenmascarar esta maniobra.*

Les ruego, camaradas, que tomen las medidas necesarias para informar a la colonia latinoamericana en París.

Fdo. Gibarti[20]

También aquí el ARPA se presenta reaccionaria, pues ha pretendido romper la unidad internacional —si es que lo que no existe puede romper a lo que es sólido y fuerte como la *Liga Internacional contra el Imperialismo* [,] surgida en Bruselas por la voluntad de los revolucionarios de un medio centenar de naciones. Por lo menos, lo que al pie de su nombre en la tesis sobre la América Latina ella presentó como reservas, no indica nada más que divisionismo, propósitos individualistas y mezquinos. No es lo que se dice, ni lo que se piensa lo que valoriza el papel de los hombres, sino los resultados prácticos de acción y la del ARPA ya está calificada por el Congreso de Bruselas.

Haya de la Torre como fiscalizador de un par de traidores, ¿a quién dará la razón?

Cuando se tiene una base tan falsa como la del programa arpista se ha de caer en muchos errores. La posición arpista frente al caso de Nicaragua es una prueba de ello.

Todo el mundo sabe que Díaz es un agente del imperialismo, lo mismo que todo el Partido Conservador. Después de la capitulación ante Stimson y de su viaje a Washington a mendigar el apoyo de la Casa Blanca, Moncada y los liberales que lo siguen son también unos agentes del imperialismo y unos traidores. Entre estos dos farsantes se va a llevar a cabo la lucha electoral. Solamente hay un hombre en Nicaragua que representa al pueblo nicaragüense y los intereses de su soberanía. Este es como todos reconocen, Augusto C. Sandino, este hombre dicen los bandidos de Wall Street que es un bandido. Ante esta situación, véase cómo actúa el ARPA. Prepara una supervisión de las elecciones y se dispone a realizar un fantástico viaje. Si Moncada es un traidor y Díaz algo peor, ¿qué va a supervisar esa Comisión, si ya todos están de acuerdo con la Casa Blanca y los únicos garantizadores del sufragio son los marinos yanquis que dejarán salir electo a quien más le convenga? Si no existiera Sandino, esa supervisión seria útil como propaganda, para desenmascarar después la farsa de los candidatos. Pero existiendo Sandino, dar esa supervisión arpista no tiende más que a desorientar, a pretender dar quizás un carácter legal a una farsa. En otras palabras: los que no apoyan a Sandino y establecen relaciones con sus enemigos, adolfistas y moncadistas, son prácticamente sus enemigos y unos traidores a los intereses de las clases oprimidas en el Continente.

He aquí por qué estamos de acuerdo con la declaración sincera y realista que sobre este asunto hizo la UCSAYA y que dirige el revolucionario venezolano doctor Carlos León:

> Nuestra Unión cree que ese nombramiento constituye una aprobación de la política imperialista de la Casa Blanca, tanto más cuanto que, en territorio nicaragüense, un poderoso grupo de patriotas lucha por la independencia y la soberanía de su patria contra la invasión extranjera.
>
> La UCSAYA protesta contra el nombramiento de esas comisiones, porque en su concepto, constituye una intervención en la política interna de los países y, por consiguiente, una violación de la soberanía.
>
> La acción de todos los países indolatinos, debe circunscribirse a protestar contra las violaciones del imperialismo y a prestar a los pueblos oprimidos toda la ayuda moral, y si es posible, la material que fuera necesaria, para cooperar a su liberación; pero de ninguna manera coadyuvar, directa o indirectamente [,] a los propósitos imperialistas.[21]

Compárese la actitud arpista con la de la Liga Antiimperialista de las Américas, afiliada al Congreso de Bruselas, iniciadora del comité continental ¡Manos fuera de Nicaragua! para llevar medicinas a Sandino.

Dos ejemplos de oportunismo

Llamamos al ARPA oportunista y ella se encarga de probar rápidamente que estamos en lo cierto. Dos casos recientes lo demuestran.

El primero es una fantástica y novelesca postulación presidencial. La versión vino de una ciudad del interior de los EE.UU., afirmando la noticia cablegráfica, desde allí, que en el Perú una organización había postulado a Torre, el líder del ARPA, como presidente del Perú. Dejemos a un lado lo que de *bluff* hay en la noticia confeccionada en los Estados Unidos, cosa que se repite a menudo para engañar a los crédulos lectores de estos países que suponen cierto y divinamente aureolado todo lo que viene de los EE.UU. o de Europa, y veamos cuán predispuestos están al oportunismo los arpistas.

El señor Torre se limitó a decir que «aún no tenía la edad». Solamente cuenta este «estudiante» con un poco más de la edad de Cristo, cuando subió al Gólgota. Por eso no puede «sacrificarse» todavía... y suceder a Leguía. Donde apunta el oportunismo es en una declaración que hace el grupito arpista de Cuba [,] unos buenos muchachos que han considerado más fácil luchar contra Leguía desde Cuba, que recoger las rebeldías de las masas cubanas contra Machado. ¡Como que es más peligroso!

He aquí lo que dice la revista de los arpistas cubanos:

> La otra noticia se contrae a la designación de Haya de la Torre para la Presidencia del Perú, hecha por una alianza de fuerzas contrarias al civilismo peruano. Los revolucionarios pletóricos de romanticismo rojo, encontrarán en esta designación la prueba de la ambición de nuestro líder. Más prácticos que ellos [,] aplaudimos a los valientes que en el tiranizado Perú se aprestan a llevar al poder a un representante de los ideales renovadores. A la conquista del poder en todos nuestros pueblos deben ir encaminados nuestros esfuerzos, sin importarnos las críticas de los que justifican su inercia, confiando a Rusia y a sus ejércitos la misión de hacer triunfar la justicia en América. Ayer fue México, mañana será Venezuela o Perú. Con esos puntos de apoyo y con la palanca de nuestra idealidad combativa realizaremos nosotros la ardua empresa en el nuevo mundo, sin involucrar

peligrosamente problemas que aunque presentan caracteres análogos, tienen que ser resueltos por aquellos a quienes atañen especialmente.

Estos buenos amigos o infelices luchadores se «ponen el parche antes de que les salga el grano». Conocen cuanta repugnancia sienten las masas ante el oportunismo y las traiciones por el plato de lentejas de los puestos públicos y se deciden a ripostar antes de un ataque. Entonces descubren su lado débil. Primero nos llaman «románticos rojos» a los revolucionarios. Pero lo que interesa es su concepto de la política, igual [,] quizás por ignorancia o fanatismo, a la de todos los viejos y corrompidos políticos burgueses de nuestros países.

Quien elige su candidato es «una alianza de fuerzas contrarias al civilismo peruano». Pues bien, «fuerzas contrarias al civilismo peruano» son muchos que hasta ayer adulaban y luchaban al lado de Leguía. Allí los hay peores que el mismo Leguía e instrumentos de imperialismos extranjeros como Leguía. Esta noticia está en contradicción con la publicada donde «había una organización indígena remota». Pero lo importante es ver cómo [para] los arpistas, como para los traidores del proletariado europeo, lo importante es *tomar el poder*, sin importar para qué, ni con quién. Suponen que tomando el poder, y anuncian que así van a hacer en Venezuela también (¿se habrá convertido Arévalo Cedeño al arpismo, o con quién van a realizarlo?) [,] ya está la revolución hecha. Tomar el poder en Venezuela con ese mismo criterio arpista sería «con una alianza de fuerzas contrarias al gomismo», es decir con los célebres caudillos y generalotes reaccionarios que han obstruccionado o vivido de la revolución.

Critican a los «románticos rojos». Pero silencian lo que es el criterio revolucionario y real de la cuestión electoral y de la toma del poder para los proletarios.

Bien sabemos que resulta necesario e indispensable organizar un poder para la realización de una revolución socialista. Mas, por lo mismo, que el poder es un *medio* y no un *fin*, no se puede tomar de cualquier manera y con cualquier elemento. Esto es fácil. No otra cosa hacen los distintos bandos de nuestras clases dominantes o caudillos militares feudales. Pero si se desea el poder para otra cosa que para gozarlo y explotar a los de abajo [,] es necesario tomarlo con las fuerzas sociales progresistas, teniendo por base a los obreros y campesinos y a todos los elementos explotados, con los cuales se va a crear un régimen nuevo. Esto es el concepto de la «toma del poder» de los «románticos rojos». «¡Práctico!». He aquí el argumento con que se han cometido todas las traiciones en Europa al proletariado. No es «práctico» oponerse a la guerra. Tampoco impedir la conquista de Marruecos o de Siria o de China. Eso dicen los llamados socialistas españoles, franceses e ingleses. Igual cosa dicen los liberales imperialistas de los EE.UU. y nuestros traidores en la prensa o en las cátedras.

Peligroso resulta que los arpistas cubanos sustenten ese criterio. Si algún día vencen su abulia y se deciden a luchar por los problemas inmediatos de Cuba no sería extraño verlos sosteniendo a alguien «elegido por una alianza de fuerzas contrarias al machadismo». Allí se encontrarán muchos de los que hoy ayudan al carnicero en su obra y que ocupan puestos prominentes en el Gobierno. Un cambio de actores en la misma escena. A esto le llaman revolución, nada más porque su realización depende de un motín.

Los comunistas toman parte en las elecciones. Pero nunca han anunciado que van a resolver el problema social con los votos. Tampoco han dicho a los obreros que olviden la lucha por la emancipación total, hecha por medios revolucionarios.

Utilizan el aparato burgués del Estado para desenmascarar las farsas de la misma «democracia burguesa», para obtener conquistas para el proletariado no con el fin de aletargarlo, como hacen los reformistas, sino para ponerlo en mejores condiciones con el fin de vencer en las luchas futuras y en la «lucha final» de que nos habla el himno del proletariado.

Sobre el insulto lanzado a todos los que tienen su criterio internacionalista, y no el estrecho de los revolucionarios pequeñoburgueses que tales cosas han escrito, nada hemos de repetir aquí. Es punto tratado en otro lugar de este folleto.

Pero los obreros y campesinos y revolucionarios honrados de la América no han necesitado apoyo exterior para crear sus organizaciones sindicales, políticas y culturales. De igual manera, sin apoyo exterior, si es necesario, sabrán hacer a los oportunistas y traidores indoamericanos lo que los revolucionarios rusos, chinos y demás han hecho a los suyos. No, no morirán los arpistas traidores de un golpe de sable de cosaco rojo. Hay muchos machetes filosos y reatas corredizas en la América.

He aquí el otro oportunismo reciente entre los muchos cometidos. Poco escribiremos y dejaremos las palabras de Torre para que ellas hagan todo el comentario.

En un artículo [,] «El ARPA y el Kuo Ming Tang» [,] enviado a todas las revistas que están faltas de material, dice:

> La juventud latinoamericana tendrá que luchar como la juventud china, por la independencia de nuestros países.
>
> Nosotros como la juventud china estamos aprendiendo que contra el imperialismo la fuerza es la única ley.
>
> El único frente único antiimperialista parecido al Kuo Ming Tang es el nuestro. Como el Kuo Ming Tang nosotros...

Y finaliza diciendo: «La joven China que lucha contra el imperialismo da un ejemplo a la joven América Latina...».

Cualquiera se cree que los arpistas están enamorados de los chinos. Algunos de los párrafos están dichos, según anuncia el autor del artículo [,] «en una cena celebrada en el Kuo Ming Tang de Londres», donde seguramente hubo bastantes chinos burgueses. Pero viene a México, recorre el norte de la República donde hay muchos chinos que hacen competencia a los comerciantes nativos, y lanza las siguientes declaraciones:

> Considero que los cuatro puntos fundamentales en que el Comité Anti-chino de México ha concretado su campaña contra los efectos perniciosos de la inmigración incontrolada de chinos en nuestros países, podrían convertirse en los puntos de vista de todas las repúblicas latinoamericanas que tengan que resolver tan grave problema (...) La suprema razón de conservación de nuestros pueblos nos impone velar por su prosperidad a base del mejoramiento de su raza y del alejamiento de malas costumbres o vicios, que desgraciadamente trae consigo la inmigración china a nuestros países (...) Por eso apoyo cordialmente la sana propaganda del Comité Anti-chino de México y procuraré que en mi país, donde la inmigración es numerosa, sea conocida la forma concreta de su lucha.

¿Cuál es la causa de esta contradicción? Simplemente el oportunismo, la adaptación al medio y el olvido de los principios por congraciarse con los elementos locales del momento. También entre la clase de los comerciantes y burgueses reaccionarios del Perú [,] los chinos son mal vistos porque realizan la competencia comercial, ya que no pretenden ganar tanto en sus transacciones y hacen una vida más sobria. Quien gana por los bajos precios en el comercio es el consumidor, es decir, el obrero. Pero en estas declaraciones se defiende el interés de los comerciantes amenazados por la competencia y se acata,[22] so pretexto de inferioridades raciales y vicios, al consumidor pobre, al proletariado y al semiproletariado.

Después de esto: ¡Vivan los chinos y sus herederos de América! En lenguaje popular —no nos referimos a la Alianza Popular— esto se llama «encender una vela al Diablo y otra a Dios». En lenguaje político y polémico: «oportunismo descarado».

Conclusiones

¿A qué conclusiones podemos llegar después de haber terminado esta polémica, necesaria solamente para precaver a los incautos, ya que los verdaderos revolucionarios saben bien cuál es la línea recta? Como han hecho el Congreso de Bruselas y los partidos de la Internacional Comunista; denunciar el ARPA y a sus hombres como divisionistas, como enemigos de estas organizaciones del proletariado y de los revolucionarios que se agrupan bajo ellas.

Denunciar ante las masas estas condiciones del ARPA y de sus elementos [,] calificándolos de ser, objetiva y colectivamente, elementos de la reacción continental, confusionistas, sin parar en la diferencia de honradez personal —esto es una lucha social y no personal— que pueda existir entre aquellos que son carne revolucionaria de las cárceles y los que son colaboradores o amigos de elementos reaccionarios en los gobiernos, o que viajan con dinero de la policía y engañan a las masas haciéndose pasar como víctimas.

Precisar el carácter de elementos pequeñoburgueses y burgueses, divorciados del proletariado, que tienen los arpistas y de los cuales es representante su ideología.

Luchar activamente por la clase proletaria, sus organizaciones, partidos y sindicatos —y su doctrina: el comunismo—, denunciando toda desviación oportunista.

Solidificar el frente único de todas las clases oprimidas por el imperialismo en la Liga Antiimperialista de las Américas y cooperar, en escala internacional, con el Congreso de Bruselas, representante genuino de todos los movimientos revolucionarios del mundo.

Mantener la independencia del movimiento obrero, su carácter de clase, de los partidos comunistas, para dar la «batalla final», la lucha definitiva para la destrucción del imperialismo, que no es solamente la lucha pequeñoburguesa nacional, sino la proletaria internacional, ya que solo venciendo a la causa del imperialismo, el capitalismo, podrán existir naciones verdaderamente libres.

Y en América, como ocurre en Europa desde hace ochenta años y actualmente en Asia, el lema sintetizador de la emancipación de todas las clases oprimidas es:

¡Proletarios de todos los países, uníos!

Hacia la Internacional americana*

Ha pasado ya del plano literario y diplomático el ideal de unidad de la América. Los hombres de acción de la época presente sienten la necesidad de concretar en una fórmula precisa el ideal que, desde Bolívar hasta nuestros días, se ha considerado como el ideal redentor del continente.

Antes de entrar en una discusión sobre la mejor forma de organizar la unidad continental es necesario resolver el siguiente punto: ¿quiénes han de hacer la unidad de la América?

Varias son las organizaciones que proclaman la fraternidad entre los pueblos del continente. Dejemos a un lado los gritos hipócritas de los diplomáticos en las grandes bacanales de toma de posesión de un nuevo gobierno, o en conmemoración ridícula de un gran aniversario. No obtendrán nunca un resultado práctico. Algunos congresos científicos latinoamericanos podrían servir algo al ideal de unidad si no fuesen utilizados por los gobiernos de sainete para propaganda de sus sistemas despóticos.

Confesemos que hasta hoy la unidad de la América ha sido, en algunos, cariñosa utopía forjadora de un ideal, y en varios,

---

* Escrito en la Cárcel de La Habana, 2 de diciembre de 1925. El texto apareció en *Venezuela libre*, a. IV, no. 15, La Habana, septiembre-diciembre de 1925, pp. 7 y 15.

deliciosa forma de resolver el problema de acomodarse bien en la vida. Estos últimos son los que hablan, por lo regular, de hispanoamericanismos, considerando a Primo de Rivera o al bueno de don Alfonso como pontífices máximos de esa religión donde son sacerdotes los escritores fracasados y hambrientos junto con los comerciantes enriquecidos salidos de la «Península» para rehuir el servicio militar del rey y la patria que adoran desde lejos.

Contestemos a la pregunta: la unidad de la América está hecha ya por el imperialismo yanqui. La Unión Panamericana es la Internacional del futuro imperio político que tendrá por capital única a Wall Street y por nobleza a los reyes de las distintas industrias. La unidad de la América que sueñan todos los espíritus elevados del momento presente es la unidad de la América nuestra, de la América basada en la justicia social, de la América libre, no de la América explotada, de la América colonial, de la América feudo de unas cuantas empresas capitalistas servidas por unos cuantos gobiernos, simples agentes del imperialismo invasor. Esta unidad de la América solo puede ser realizada por las fuerzas revolucionarias enemigas del capitalismo internacional: obreros, campesinos, indígenas, estudiantes e intelectuales de vanguardia. Ningún revolucionario del momento actual puede dejar de ser internacionalista. Dejaría de ser revolucionario. Ningún programa de renovación, ni la destrucción de ninguna tiranía, podría tener lugar si no hay una acción conjunta de todos los pueblos de la América sin exceptuar a los Estados Unidos. Las dos tiranías que están más próximas a caer, las del Perú y Venezuela, podrán ser sustituidas por gobiernos similares, pero nunca por un régimen que trate de exterminar la verdadera causa de las tiranías: la explotación del pueblo por una pequeña minoría que lo mantiene en la ignorancia. Para ser posible la creación de una nueva sociedad en las repúblicas de América es necesaria la cooperación de todas las fuerzas revolucionarias del continente.

Convencidos de la existencia de un grande y fuerte enemigo, es necesario tomar las medidas tácticas para combatirlo. Todo hombre nuevo cree posible y conveniente la formación de un frente único entre todas las fuerzas antiimperialistas de la América Latina. Distintas organizaciones tienen entre sus fines la lucha contra el imperialismo.

Teniendo en consideración que el enemigo se llama imperialismo fuera de los Estados Unidos [que] es capitalismo en el interior de esa nación, hay que extender el frente único más allá del Río Grande. Hay que formar un solo ejército entre todos los explotados por Wall Street.

Si aceptamos estas verdades, y solo pecando de ignorantes o de retrógrados se pueden negar, hay que convenir que la lucha está entablada en todo el mundo entre estas dos fuerzas: el capitalismo explotador con múltiples máscaras, y el pueblo explotado que inicia distintas luchas con distintos matices. En la China y en Marruecos y en Inglaterra se lucha contra los capitalistas nacionales, etcétera. En la América la lucha debe ser contra cada una de las tiranías y contra la metrópoli común que reside políticamente en Washington.

Los internacionalistas explotadores han creado ya una serie de organizaciones capaces de ir formando la conciencia continental de sumisión: la Unión Panamericana, los sindicatos petroleros, las empresas cablegráficas, la propaganda cinematográfica y otras muchas.

Es necesario crear también una Internacional americana capaz de aunar todas las fuerzas antiimperialistas y revolucionarias del continente para formar un frente único y poder contrarrestar la grandiosa influencia del enemigo, como en los organismos humanos es necesario crear prontamente la célula inicial que irá creciendo.

El camino está muy adelantado. Existen en la América Latina distintas fuerzas que ya aceptan la lucha internacionalista y están afiliadas a internacionales de distinto orden. Así vemos el poderoso Working Party en los Estados Unidos y los partidos comunistas de México, Argentina, Uruguay, Chile, Brasil, Guatemala y Cuba, afiliados a la Internacional. Varios sindicatos obreros también están afiliados a las organizaciones internacionales. En la América Latina existen varias entidades que aspiran a este fecundo internacionalismo por rumbos diferentes y que posiblemente realizarían mayor labor estando armados por una internacional americana antiimperialista y revolucionaria, la Unión Latinoamericana, la Liga Antiimperialista de las Américas, casi todas las organizaciones obreras del continente, varias federaciones estudiantiles y grupos de propaganda y cultura podrían, guardando su autonomía, formar un frente único en una perfecta internacional que se constituyese y que tuviese por base de organización a las fuertes instituciones con tendencias internacionales anunciadas en párrafos anteriores.

Aunque esta entidad solo sirviese como agencia central de noticias y de formación entre todas estas fuerzas, ya merecería existir. Una de las mayores dificultades que tiene el movimiento revolucionario en las Américas es la falta de noticias entre los diferentes núcleos de luchadores.

La Europa y el Asia están lejos. Ambas tienen en estos momentos graves problemas que resolver. La América traicionaría a los mártires que caen en esos dos mundos si no se aprestase a imitarlos y a socorrerlos en sus luchas. Es uno solo el ideal de la humanidad en estos instantes. En este siglo los cambios no se harán por naciones aisladas. La civilización se universaliza. Un cambio en Europa y en Asia ha de tener influencia definitiva en la América.

Aceptemos las experiencias de Europa en sus luchas y lancémonos a conseguirlas de acuerdo con ellos y adaptando sus procedimientos revolucionarios a nuestros ideales.

Sobre la misión de la clase media*

¿Qué es la clase media?

No puede negarse la gran importancia de este tema. La denominación común de «clase media» no es muy concreta.

Pero es imposible negar la existencia de esa clase y hasta la existencia de una «conciencia de clase» de los elementos de la clase media: saben sus intereses y luchan en todos los terrenos por defenderlos. Hay centenares de partidos que no tienen escrúpulo en llamarse «de la clase media». Ningún partido bur-

---

* Este título reúne el conjunto de artículos periodísticos que aparecen en los números 139-144 y 145 (noviembre y diciembre de 1928) de *El Machete*, en México. En estos textos, Mella nos ofrece un análisis de la composición de la clase media en este país, definiendo su lugar en la estructura social, así como sus intereses de clase, a través de su relación con el proceso productivo, que la enfrenta a proletarios y capitalistas; de este modo aplica creativamente la noción de clases de Marx a la realidad del país azteca.

Para definir el papel que la clase media tendrá en la lucha, Mella analiza sus posibilidades reales de «avanzar» en la escala social. Introduce la distribución global de fuerzas del período, la existencia del imperialismo, como un elemento fundamental a tener en cuenta para este análisis. Se apropia de la propuesta marxista, aplicándola al análisis de una sociedad latinoamericana, de manera antidogmática, lo que le permite observar su singularidad. (*N. del E.*).

gués ha tenido igual valor; por el contrario, muchos partidos y elementos burgueses se disfrazan con el amplio y benévolo traje de la clase media. Hasta en los sectores revolucionarios se llega a confundir lo que realmente es clase media. Por eso puede ser útil fijar unas cuantas ideas sobre lo que es clase media, sobre sus problemas y su porvenir.

Los que se afilian bajo el pabellón incoloro de la clase media son aquellos que no teniendo la posibilidad de ser grandes burgueses —poseedores de una gran fábrica, de un gran comercio, etc.— tampoco se consideran, o no lo son de veras, asalariados, obreros en la industria moderna. Para que el estudio sea fructífero debemos hacerlo desde el punto de vista de sus relaciones con la producción.

Con la mirada puesta en el terreno de la producción del medio mexicano haremos este análisis. Fijarse en otra cosa que no sea el régimen de producción para dividir la sociedad en clases, es pura literatura y no sociología materialista.

Lo primero que salta a la vista son dos grandes corrientes, procedentes de sectores y épocas distintas, que van a desembocar en la gran corriente de la *clase media actual*.

Una corriente viene del pasado, de los sectores de la economía precapitalista, del régimen feudal. La otra corriente viene del presente mismo, de los sectores de la nueva economía mexicana, de esa complicada economía moderna que ha estado constituyéndose desde el inicio de la Revolución de 1910 por las fuerzas nacionales en acción y por la penetración de los factores imperialistas.

A la primera pertenecen los artesanos, los productores de toda aquella industria típica nacional que aún surte a una gran parte de la población: alfarería, sarapes, talabartería, trabajo de ixtle. También podrían considerarse como artesanos a muchos productores independientes, abastecedores de las necesidades comunes de las ciudades grandes, tales como sastres, zapateros, carpinteros y otros. Pero estos, en una buena proporción van dejando de pertenecer a la categoría expuesta y, por la adquisición de métodos modernos de producción, entran en la fase de miembros de la nueva economía con el carácter de pequeñoburgueses. Solamente se han citado en esta categoría al hablar de una clase de transición, para afirmar el hecho de que no han desaparecido completamente con su tipicidad pura de artesanos medievales en muchos lugares del país.

La segunda y moderna corriente de que hablamos está constituida por los últimos citados —la pequeña burguesía industrializante—, por el numeroso pequeño comercio de México en las poblaciones grandes y en los poblados. Y ahora hay también un nuevo sector de la clase media bastante importante. Nos referimos a los tipos que tienen algo de común con dos clases. Un ejemplo claro son los obreros de cierta región de Veracruz, los cuales a la vez que son obreros durante ocho horas cada día, verdaderos proletarios en la industria textil, son propietarios y explotadores de pequeños predios rústicos que la misma compañía les concedió con el sabio criterio previsor de abolir la lucha de clases en su ruda naturaleza, con el opio de un gran capitalismo «racional» (?). En muchos lugares del país se pueden encontrar obreros que tienen otra fuente de entradas para su economía familiar, además del salario, si no por sí mismos, por algunos de los miembros de su familia. A este sector de los elementos mixtos, de las clases duales, intermedias, pertenecen aquellos que poseen una casa y son obreros, los que cuentan con las rentas de pequeños, insignificantes capitales que han colocado en cualquier empresa pretendiendo aliviar la situación miserable de su vida de asalariados. Pero no son numerosos.

Son estos elementos híbridos —medio obrero, medio capitalista— los que le dan cierta tipicidad al movimiento sindical mexicano. No todo puede atribuirse al factor individual de la corrupción de tal o cual líder. Los votos de los sindicatos de pequeños comerciantes, de dueños de automóviles, de supuestas «cooperativas» que son simples compañías capitalistas, son los que hacen que no todas las resoluciones y toda la vida de los sindicatos tengan un marcado carácter socialista revolucionario.

Aunque el censo y las estadísticas de asociaciones científicas no nos dan el número exacto de esta clase media y de sus diferentes sectores, no se puede negar que constituyen una parte importante y viva de la población.

Todavía nos queda el elemento de la clase media más numeroso en México, y que es una resultante de los intentos para liquidar el feudalismo y establecer un capitalismo nacional con base agraria. Los campesinos que han logrado constituir un pequeño patrimonio con la tierra recibida o comprada y los pocos que han logrado mitigar su sed de refacción con alguna de las gotas que han salido de ese gotero que es el Banco Nacional de Crédito Agrícola, son los pilares más fuertes de la clase media nacional.

Y nos quedan los profesionales, los empleados, los trabajadores intelectuales. Casi todos ellos gustan de afiliarse a la clase media. Algunos se llegan a llamar «trabajadores». Sin embargo, ¿qué diferencia a un obrero o trabajador verdadero de la mayoría de los elementos anteriormente citados? El obrero o trabajador manual, hablando desde el punto de vista de la economía moderna, es el único que da «valor» a la materia con su fuerza de trabajo. Y la mayoría de los elementos citados viven de la repartición que de la «plusvalía» adquirida hacen los patrones. Esta es la verdad económica que no podrá cambiarse dentro del régimen actual, donde existen tantos elementos superfluos o parasitarios. Pero es menester distinguir entre el elemento totalmente parasitario, chupador del trabajo proletario que el capitalismo acumuló, y aquellos que realizan funciones útiles a la sociedad distribuyendo el «valor» creado por el obrero. Los empleados son necesarios bajo una economía socialista. También los maestros. Pero el régimen socialista con la disminución de horas de trabajo y el perfeccionamiento de la técnica, hará desaparecer la actual división de hombres que solo trabajan con el cerebro y necesitan hacer deportes para gastar sus energías y hombres que fundamentalmente trabajan con su cuerpo y sufren por las dificultades para adquirir una cultura intelectual elevada.

Podemos ya, después de tantos casos particulares observados, definir lo que es la clase media en México.

He aquí el ensayo. No aspiramos más que a dar una contribución a la solución del gran problema nacional de clasificar las fuerzas sociales y definir sus verdaderos intereses.

Un conjunto de agregados sociales que presentan la característica general de vivir fundamentalmente con el producto de su propio trabajo; que emplean su propia fuerza de trabajo solamente, o la de algunos cooperadores, familiares o no, pero en reducido número, de uno a cuatro, que no permite la acumulación de trabajo ajeno suficiente para crear un gran capital. El complemento de sus entradas, después del fundamental trabajo propio, puede ser por la posesión de medios de producción o por la renta de algún capital inmueble o dado en préstamo. Todos ocupan, a pesar de las distintas subdivisiones que existen, una posición común en la producción frente a la clase capitalista que les hace competencia o los explota y frente a la clase proletaria que es la que compra sus productos o la que crea la parte de capital necesaria para pagar los sueldos o entradas de los que no producen objetos con valor de cambio.

Se caracterizan por su inestabilidad. Económicamente fluctúa su situación según las variables condiciones de la economía nacional controlada por el gran capital extranjero. Políticamente se refleja esta inestabilidad en el cambio constante de las tendencias de los distintos sectores de esta clase. Unas veces alianza con el proletariado y lucha contra el capitalismo y el imperialismo; otras, sumisión a ambos y amagos contra el proletariado, a quien consideran competidor o el causante de su inestabilidad por las luchas que realiza.

La clase media es generalmente individualista, nacionalista y en una buena parte anticlerical. Un criterio ecléctico y liberal hace que su ideología pueda modularse con los variados tonos del instrumento de cobre de una jazz-band.

Llegan a aceptar del socialismo ciertas reformas mínimas y la fraseología de propaganda; pero no la lucha de clases ni la socialización revolucionaria de los medios de producción.

Los problemas de la clase media

Angustiosa es la situación de la clase media en la presente sociedad capitalista. Atraída por dos imanes poderosos —el proletariado y el capitalismo— no tiene un porvenir seguro. La competencia con el gran capital (las grandes industrias, los grandes comercios) la empuja a la ruina y a convertirse en proletariado. Pero su ambición no es ser pobre, sino avanzar y llegar a ser gran capitalista. La clase media recuerda a esos actores de las comedias que al final del acto son ridículamente disputados, de cada brazo, por otros actores.

Lo primero que a la clase media se le presenta es que no puede vivir sin la gran masa de trabajadores. Si son pequeños productores de cualquier género, o pequeños comerciantes, dependen principalmente, para su vida del poder de consumo de las masas trabajadoras. A la clase media le conviene que los obreros ganen altos salarios, porque de esta manera obtendrá una parte mayor del capital de los grandes capitalistas que irá principalmente a manos de las clases medias, ya que los obreros no sueñan con ahorrar haciéndose una fortuna con lo que quiten a sus exiguos salarios.

Pero no solamente los sectores de pequeños industriales y de pequeños comerciantes y de artesanos dependen de la masa trabajadora, sino que los oficinistas, los trabajadores intelectuales de todas las vocaciones, dependen, primera y fundamentalmente, de los trabajadores. Si esto parece un absurdo es porque no se ve hondamente en la sociedad capitalista y en el secreto de la producción.

Las ganancias que el capitalista obtiene, y que permiten pagar directa o indirectamente, por medio de impuestos del Estado, a toda esa gran masa citada de clase media, son originadas por el trabajador. Si el trabajador no produjera mercancías, si no pusiera en movimiento el dinero y todo el capital de los burgueses, estos estarían como el Rey Midas, muriéndose de hambre en medio de su oro.

¿Puede toda clase media actual convertirse en una gran clase capitalista? En otra época esto parecía posible. Así surgieron muchos grandes capitalistas en el viejo mundo. Hoy esto no parece probable. Existe el imperialismo.

El capitalismo en esta fase imperialista se caracteriza por la gran concentración de los medios de producción y por el monopolio. Esta concentración y este monopolio hacen que los grandes capitalistas produzcan mejor y más barato que los pequeños.

La lucha es desigual y han de perecer los más débiles. Si la clase media mexicana quiere dejar de serlo, tiene que apoderarse de las grandes fuentes de producción, de la gran riqueza nacional que hoy no posee: los ferrocarriles, las minas, el petróleo, la industria textil. Sin controlar estas industrias básicas, nunca podrá controlar la economía nacional. Como todo está en manos del imperialismo extranjero, no parece probable que se pueda hacer «por la buena» en una lucha pacífica comercial e industrial.

Algunos creen que es posible ir poco a poco, ahorrando todos los días un centavo, hasta tener un gran capital. Esto es una utopía. Los grandes capitales, las clases capitalistas, no se han formado por el célebre «ahorro». Se han formado con lo que Marx llamaba la «acumulación primitiva».[23] Esto es lo que se ha intentado hacer en México apoderándose de los bienes del clero y de algunos latifundistas. Pero estos bienes no bastan para hacer un capital que compita con el de los grandes industriales y banqueros extranjeros. No es posible «ahorrar» en México para hacer un gran capital, puesto que diariamente se está sufriendo la competencia de los productos extranjeros. Las célebres barreras aduanales y la política proteccionista no pueden lograr el milagro de desarrollar lo que no existe.

En otros países la política proteccionista protegió lo que estaba en embrión o lo que tenía posibilidades de desarrollarse. Pero en México las condiciones naturales y sociales no permiten crear ese embrión de gran capital nacional industrial. El país es pobre, las pocas riquezas existentes están acaparadas por el imperialismo; y la gran masa de la población vive en un nivel de vida tan bajo, es tan pobre, que de nada vale la protección a la industria, pues por muy barato que esta venda, la gran masa de la población no tiene grandes necesidades, no porque sea incapaz por «inferioridad racial», como dicen los europeos o los yanquis imperialistas. Pongan en manos de un indio o mestizo, una fortuna, y verán cómo sabe gastarla. Pero el problema está en esto precisamente: ¿Quién le da esa fortuna al indio o al mestizo? ¿Cómo pueden ganarla rápidamente? Vemos que la industria imperialista no crea un capital nacional independiente sino, simplemente, la famosa industria colonial extractiva moderna.

No es industria nacional lo que México necesita sino compradores. Habiendo estos surge aquella. ¿Crearlos? He aquí el gran problema conectado con la lucha social.

Sin embargo, se han intentado varios remedios para resolver la situación de la clase media. El fascismo fue un último experimento. El socialismo tiene una solución ofrecida desde hace mucho, y hace ya once años que la están experimentando en Rusia. También en México se habla de cooperativismo como de una posible solución. ¿Quién tiene la razón? He aquí el tema final de esta serie de tres trabajos. Basta por hoy deducir lo siguiente:

Las clases medias son elementos de transición. No están conformes con su situación. Aspiran, en el lenguaje común, a «mejorar», contrariamente a lo que le sucede al capitalista (que no desea salir de su clase) y al obrero industrial consciente (que tampoco lo desea, ni ve la posibilidad de que todos se hagan capitalistas), las clases medias no están conformes con su situación y no desean permanecer en ella, ni ser arrastradas al empobrecimiento a que las lleva la competencia con el gran capital.

Por estas razones no puede haber un régimen social basado únicamente sobre las clases medias, como no se levanta un edificio sobre arenas movedizas.

La solución a los problemas de la clase media

Ya hemos visto la importancia numérica de la clase media, los problemas que tiene planteados, su imposibilidad de lograr un desarrollo capitalista sin el proletariado, la inconformidad de este para ser carne de cañón y trabajar en la revolución para la pequeña burguesía, y la inestabilidad del régimen basado sobre la clase media. ¿Qué destino aguarda a la clase media? Una buena parte formará en los ejércitos de la reacción y será enemiga del proletariado y del socialismo. Pero toda la clase media no puede ser exterminada por fusilamientos. Ningún revolucionario ha propuesto esta solución al atraso económico de los países que tienen una gran cantidad de elementos de esta clase.

El fascismo pretendió en un principio ser la solución de los problemas de la clase media. Ya hemos visto que hoy el fascismo no es el régimen de la clase media, sino del capitalismo. ¡Curioso sería que la gran burguesía italiana y su aliada la burguesía imperialista internacional, fueran a permitir una dictadura de sus caricaturas! En México, si la clase media sigue por el camino actual de intentar su estabilización en el poder contra y destruyendo al proletariado, solo tiene un camino que seguir: organizar los *fascios*, llamar al dólar y a los soldados yanquis. Ya hay organizaciones que han predicado la necesidad del fascismo en México. Ahí está el periódico de la *Unión Integral Mexicana*. Otra característica de la clase media consiste en el nuevo nacionalismo patriotero que se ha desatado; en el recrudecimiento de la fraseología radical para esconder la finalidad reaccionaria; en la nueva política frente al imperialismo y en la creación de los sindicatos de Estado. Pero el triunfo definitivo del fascismo en México es una utopía. Hay millones de campesinos pobres y de obreros para mantener una revolución en el país y extenderla al continente, por todo el tiempo que sea necesario, contra la pequeña burguesía reaccionaria mexicana y contra la misma intervención yanqui, hasta provocar e iniciar la revolución proletaria en una gran sección del continente. El fascismo es el suicidio de la clase media, que anhela mejorar. La revolución permanente es un deporte —según algunos— en nuestros países. La verdad es que hay siempre una situación revolucionaria y mucha gente que *no tiene que perder más que sus cadenas*.

El socialismo es la única solución a los problemas de la clase media. Por socialismo debe entenderse la socialización de los medios de producción. Esto solamente se puede hacer tomando el obrero y el campesino el poder. La socialización en México, probablemente, tendrá dos fases: una rápida, inmediata, por la insurrección y el asalto al poder por las masas trabajadoras, que tomarán posesión de las minas, de los transportes, del petróleo y de toda la tierra; y otra, más larga y dificultosa, pero necesaria: la atracción hacia el socialismo de toda la masa de clase media que hemos enunciado en el artículo primero. (Es infantil creer que esto se hará aisladamente en México, frente a la pasividad del imperialismo y de las demás repúblicas latinoamericanas. Por el contrario, la primera parte de la lucha por el socialismo estriba en una acción militar, fundamentalmente contra el Gobierno de los Estados Unidos y contra sus aliados en el continente: la burguesía y los gobiernos que hoy rigen estas repúblicas, acción que será triunfante con el apoyo del proletariado americano, del de la URSS y del resto del mundo.) Como se constató en el último congreso de la Internacional, no es necesaria e inevitable la del «comunismo de guerra» para todos los países. Posible es la implantación, desde los comienzos de la NEP (Nueva Política Económica). Pero, cualquiera que sea el *medio*, en el socialismo está el porvenir de la clase media.

¿Qué hará el régimen socialista por la clase media y por la resolución de sus problemas? Tiene varias soluciones que ya no pertenecen al terreno de la utopía ni de la afirmación teórica: se están experimentando satisfactoriamente en la Unión de los Soviets, en la antigua Rusia zarista.

Los *artesanos*, esos confeccionadores de muchos objetos de uso, no podrán desaparecer en 24 horas, absorbidos por la industria socialista. Formarán cooperativas para aplicar, mediante el esfuerzo conjunto, la nueva técnica a su producción, la que mejorará grandemente. Otras ramas se convertirán en la gran industria moderna que la pequeña burguesía no ha sabido crear.

La *pequeña burguesía comercial e industrial* si se aferra a seguir en la noria del individualismo, vegetará hasta que la industria y el comercio socialista la arruinen. Si tiene una clara visión sabrá entrar en las cooperativas o trabajar y ayudar en la nueva industria del Estado.

Los *campesinos medios y pequeños propietarios*, aprenderán de los peones agrícolas que tomen las haciendas para trabajarlas a *base socialista* e industrializada, con la ayuda del Estado proletario, que deben seguir el camino de la colectivización. Si persisten, verán venir su ruina, como los pequeños comerciantes e industriales urbanos. Los mineros, al trabajar colectivamente las minas, serán un gran estímulo para que los campesinos entren a la nueva vida.

Los elementos intelectuales de la clase media (maestros, profesionales, artistas, escritores, etc.) gozarán de todas las ventajas del régimen donde no se producirá para explotar a los hombres, sino para satisfacer sus necesidades.

«Esto se puede hacer desde hoy» —dirán algunos. ¿No hay todo un plan cooperativo nacional? Pero quien crea que esta transformación puede ser posible sin la toma del poder por los obreros y campesinos, sin una revolución socialista que entregue los bancos y las grandes industrias al Estado proletario e imponga la repartición total de la tierra —la primera condición para crear una situación económica favorable a la casi totalidad de la población— estará creyendo con la misma ingenuidad del niño que supone que se puede alcanzar las nubes sin el avión que nos lleve hasta ellas.

Una buena parte de la clase media encontrará irrealizable el socialismo y se mantendrá al lado de la reacción. Pero los obreros y campesinos no van a esperar a que esa parte se convenza, ni tampoco van a detener la marcha hacia su régimen para discutir con los ciegos y sordos de la clase media.

No la necesitan, en última instancia, para la insurrección. Y después de hecha esta, a la clase media mexicana y a la de los demás países donde existe el principio de la construcción socialista, podrán arrojarle los favores enunciados, como se los ha arrojado la NEP a la clase media en Rusia para que sacie el hambre que tenía y sirva, aun a su pesar, de medio para la organización del comunismo.

Por la creación de revolucionarios profesionales*

El satisfacer las necesidades sociales ha sido la causa de la creación de las profesiones. Algunas necesidades, artificialmente creadas por el actual régimen de opresión y desigualdades, serán consideradas por el hombre del futuro como inútiles. Mas, otras perduran, perfeccionadas y acondicionadas al momento histórico. Siempre, por ejemplo, tendrán los humanos necesidad del obrero que domine a la naturaleza en la mina, en el mar o en el bosque, podrá ser, y es de desear, que el comerciante, el militar y el embrollador de la justicia, junto con otros varios, desaparezcan, como ya ha desaparecido el clásico patrón de esclavos, el agorero y otros parásitos de épocas pretéritas. (Cierto es que estos han sido sustituidos por el burgués y por el sacerdote. Pero esta misma sustitución anuncia una desaparición próxima.) Hay una profesión que ha existido en otras épocas y que hoy es de primordial importancia en la era agitada en que vivimos. Esta es la de *revolucionario profesional*. Aunque ignorada esta profesión utilísima es una de las que más importantemente llena la gran necesidad del progreso social. Junto al minero, al sabio inventor,

---

* Texto aparecido en *Aurora*, no. 65, México, D.F., diciembre de 1926, pp. 897 y 907. (Biblioteca del Instituto de Literatura y Lingüística).

al electricista, al pedagogo, al ferroviario se encuentra, sin duda alguna, el *revolucionario*. Ora es un Graco, ora un Espartaco, ora un Marat, ora un Robespierre, ora un Bolívar, ora un Marx, ora un Lenin, ora un Sun Yat Sen... Libertador de esclavos, impulsador de la revolución agraria, libertador de la burguesía del yugo feudal o del proletariado del yugo burgués, su tarea, su oficio, su profesión es la misma, aunque en distinto escenario.

La principal característica del revolucionario es su comprensión absoluta y su identificación total con la causa que defiende. Las ideas que abraza se convierten en dinamos generadores de una energía social. Los ignorantes acostumbran a calificarlos de «fanáticos» por esta razón. Los reaccionarios, llevados por el odio y el temor, sí colman de insultos al *revolucionario*. No ha habido en todo el siglo un hombre más insultado que Lenin. Tampoco ha habido otro que se acercara más a la genialidad, la santidad y el heroísmo éticamente considerados que el gran conductor de la III Internacional.

El *revolucionario profesional* si es marxista, por ejemplo, sabe aplicar el marxismo a todos los problemas. Los enemigos se asombran ante la fuerza de su verdad, pero no se atreven a aceptarla a pesar de considerarla cierta y no combatirla abiertamente. Dan la sensación monstruosa de locomotoras avanzando por selvas vírgenes y ciudades populosas. El *revolucionario profesional* puede llegar al martirio o a lo que es considerado como tal por los extraños. Aún más: cada minuto de su extraña vida sería un minuto en el infierno para muchos otros. Puede morir en la horca, en el suplicio, revivir los sanguinarismos del Circo. Todo lo acepta con la misma naturalidad que el jugador de bolas acepta sus ganancias: es su profesión y nada más. Por esta razón, cuando el público o la «opinión pública» le aplauden cualquiera de sus diarios gestos de heroísmo, se considera tan extrañado como si viera a un público aplaudir al cantor después de oír la voz en un disco de ortofónica.

Su acción, como la voz en el disco, no es «suya», es reflejo e inspiración del medio social. Como recuerda Bernard Shaw en Santa Juana, es «arrastrado» quizás sin saber ni por qué.

Reconoce lo infinito de la humana obra. Comprende como el Zaratustra el sentido de la tierra. Es santo de esta tierra, héroe de estos hombres y genio de las pequeñeces del momento. No aspira al «trascendentalismo». Tiene orgullo de ser puente para que los demás avancen sobre él. Probablemente no creerá en el superhombre nietzscheano. Pero reconoce el progreso habido del gusano al mono y de este al hombre. De igual manera el materialismo histórico le ha enseñado el paso del feudal al burgués y de este al proletario.

Cuando muere, completamente consumido, agotado, como un leño en un incendio, muere satisfecho reconociendo la utilidad de su obra. Se ha quemado violentamente. Pero ha iluminado a muchos y ha calentado un tanto la fría atmósfera social.

Si eres estudiante es posible que no comprendas tu profesión. Habrás visto si eres sincero, que de nada vale la sabiduría médica si un enorme tanto por ciento de males no lo produce nada más que las miserias y las injusticias sociales.

Habrás visto que todas las teorías jurídicas son nada ante el interior de la clase dominante. Habrás visto que de nada valen tampoco las conquistas de la moderna industrialización si la enorme mayoría de la población vive aún las condiciones del abuelo de las cavernas. Entonces, querido camarada, si ninguna de las profesiones anteriores que se cursan en las universidades burguesas te llama, hazte *revolucionario*. Ve a las cárceles a buscar el doctorado.

Si eres obrero, si comprendes que tus 8 a 16 horas de trabajo son una explotación sin límites, comprende que jamás tú ni la sociedad recibirán el beneficio de tu trabajo, si comprendes que a pesar de todas las huelgas siempre serás explotado, hazte *revolucionario*. Los oprimidos hoy buscan a estos profesionales que llenan la gran necesidad del momento. Es la profesión sin competencia, la profesión triunfante, la profesión que todo hombre honrado debe desempeñar.

Notas

1. Suceso conocido como la Danza de los Millones. (*N. del E.*).
2. Es un hecho conocido de todos los estudiosos de estas materias, y afirmado por el Gobierno de Cuba en la «Memoria de la Exposición de San Luis», editado oficialmente por las autoridades cubanas, que de 1897 a 1898 hasta que se acordó la hipócrita *Joint Resolution* el Gobierno Revolucionario de la República en Armas gastó más de dos millones de pesos comprando a los congresistas americanos para que prestaran su apoyo a los mambises. El Gobierno americano ha recogido toda la edición de esa memoria, habiendo visto el que esto escribe una, por rara casualidad. (*Nota de J.A. Mella*).
3. Se refiere a Orlando, protagonista de la novela homónima de Virginia Woolf. (*N. del E.*).
4. Algunas veces, como en la Argentina, ponen «socialización». Esto demuestra que no hay un criterio uniforme entre las célebres células internacionales «arpistas». Pero el representativo del ARPA siempre habla de nacionalización a secas. Así dice: «Queremos la nacionalización de nuestra riqueza; nuestro programa económico es nacionalista». ¡También los fascistas son nacionalistas! (*Nota de J.A. Mella*).
5. Vladimir Ilich Lenin: *El imperialismo, fase superior del capitalismo*, 1916. (*N. del E.*).
6. Léase la conferencia de Enrique Varona: «El imperialismo a la luz de la sociología», 1905. (*Nota de J.A. Mella*).
7. El autor se refiere a Vladimir Ilich Lenin. En Occidente se le ha llamado algunas veces de forma errónea como Nikolai Lenin, aunque nunca fue llamado así en Rusia. (*N. del E.*).
8. *Materialismo histórico*, de Nicolai Bujarin, capítulo IV. (*Nota de J.A. Mella*).
9. Tesis citada. (*Nota de J.A. Mella*).

10. «Los trapos sucios de la Conferencia de La Habana», *El Machete*, 24 de marzo, y la polémica del licenciado Chávez en El Universal. (*Nota de J.A. Mella*).

11. En la edición de Ciencias Sociales de *Mella, textos y documentos*, destaca un error de concordancia entre los adjetivos «marxistas» y «comunistas», y el sustantivo «lucha», al cual hacen referencia. Se conserva la redacción literal de 1975, sin dejar de apuntar que ambas palabras deben concordar en singular con dicho sustantivo. (*N. del E.*).

12. Ugarte, Palacios, Varona... (*Nota de J.A. Mella*).

13. El movimiento de los mineros de Oroya ha sido el más revolucionario antiimperialista en el Perú. (*Nota de J.A. Mella*).

14. Léase el artículo de N. Terreros: «Utopía y realismo en la lucha antiimperialista», en *El Libertador*, no. 15. (*Nota de J.A. Mella*).

15. Anuario de 1927. Editado por la Representación Comercial de la URSS en México. (*Nota de J.A. Mella*).

16. *¿Qué hacer?*, por Nicolás Lenin. (*Nota de J.A. Mella*).

17. Para conocer la similitud con Sun Yat-Sen en su etapa «populista», léase «El movimiento populista en China», por N. Lenin (traducción de J.A. Mella), en el *Boletín del Torcedor*, La Habana. (*Nota de J.A. Mella*).

18. Declaraciones de Haya de la Torre sobre el senador Borah, en Nueva York. (*Nota de J.A. Mella*).

19. Escrito estaba esto cuando llega a nuestras manos la revista *Atuei*, de Cuba, con un artículo firmado por un desconocido, Luis Elen, con duros ataques al comunismo en Cuba —lo mismo que hace Machado— probando así nuestras afirmaciones. (*Nota de J.A. Mella*).

20. *El Libertador*, no. 13, agosto de 1927. (*Nota de J.A. Mella*).

21. Carta de la Unión Centro Sudamericana y Antillana a la Unión Latinoamericana de Buenos Aires, *Redención*, enero de 1928. (*Nota de J.A. Mella*).

22. En la ya mencionada edición de Ciencias Sociales de *Mella, documentos y artículos*, aparece la palabra «acata» en lugar de «ataca», término que a juicio del editor debe ser el que corresponde. Si bien se conserva la redacción literal de 1975, se advierte al lector sobre el hecho. (*N. del E.*).

23. El capital viene al mundo manando sangre y lodo por todos sus poros» —decía Carlos Marx—. Es la rapiña de los países coloniales, la expropiación de la propiedad agraria feudal, las guerras internacionales, el saqueo, y el robo legalizado, lo que ha constituido la base —según el mismo Marx— de la acumulación capitalista actual. (*N. del E.*).

JULIO ANTONIO MELLA. Revolucionario cubano, cofundador del Partido Comunista de Cuba y de la Federación Estudiantil Universitaria, entre numerosas organizaciones. Desarrolló en su corta existencia una febril actividad política y revolucionaria que lo convirtió en un líder de talla internacional.

En la Universidad de La Habana se destacó como líder estudiantil y deportista. Al interés propiamente académico por la renovación universitaria se unía en Mella la preocupación política por la modernización de la sociedad, en busca de la ampliación de la democracia y la participación de los estudiantes en la vida nacional.

Sus primeros trabajos periodísticos aparecieron en la revista universitaria *Alma Mater*. Funda la Federación de Estudiantes Universitarios (FEU). En octubre de 1923 organiza y dirige el Primer Congreso Nacional de Estudiantes, y en noviembre inaugura la Universidad Popular José Martí, con el propósito de impartir instrucción política y académica a los trabajadores y de vincular la Universidad «con las necesidades de los oprimidos».

Se exilia en México y se vincula al movimiento revolucionario continental e internacional del que es nombrado secretario general, posición rectora desde la que establece contacto con los revolucionarios y demócratas de toda la región e impulsa las actividades preparatorias para un evento internacional. Colabora en los periódicos *Cuba Libre, El Libertador, Tren Blindado, El Machete* y *Boletín del Torcedor*. Pronuncia conferencias, pública críticas sobre el muralismo mexicano.

En 1928 conoció a la fotógrafa y luchadora revolucionaria italiana Tina Modotti.

Apenas iba a cumplir 26 años cuando murió asesinado el 10 de enero de 1929 en México, mientras caminaba junto a Tina Modotti, presumiblemente por órdenes del dictador Gerardo Machado. Se encontraba en aquella época en plena preparación de la expedición que lo llevaría desde México hacia Cuba para incorporarse a la lucha armada.

Printed in the United States
by Baker & Taylor Publisher Services